日経文庫
NIKKEI BUNKO

サステナビリティ基準がわかる

阪 智香・水口 剛

日本経済新聞出版

まえがき

2025年3月にサステナビリティ開示基準が公表されました。適用義務化を前に、すでに多くの企業が準備を本格的に始めています。ビジネス界の関心も高まり、日本経済新聞の紙面に「サステナビリティ情報開示」、略して「サステナ開示」、さらには「サステナ基準」といった言葉が登場するようになりました。著者の二人が学会で出会った頃（約四半世紀前）とは隔世の感です。

その背景には、気候変動の進行が大きく影響しています。2024年夏、世界の平均気温は観測史上最高を記録しました。温暖化への対応はもはや一刻の猶予も許されない状況です。パリ協定では、産業革命以前と比較して平均気温上昇を1・5℃以内に抑える目標を掲げていますが、すでに1・55℃の上昇が確認されています（世界気象機関。2024年の世界の年間平均気温上昇）。

このような気候変動は、ビジネスに大きな影響を及ぼします。自然災害の増加や収穫量の減少、炭素税や環境規制の導入によるコスト負担が予想される一方で、再生可能エネルギーや省エネ商品といった新たな市場の拡大はビジネスチャンスをもたらします。また、ビジネスが直面するのは気候変動だけではありません。ビジネスや社会のサステナビリティを実現していくために、私たちが直面している課題はいくつもあります。

私たちが目指すのは、サステナビリティ課題にレジリエント（強靱）な経済社会への移行です。そのためには、これまでのビジネス・モデルを見直し、新たな産業構造と社会構造への転換を図ることが求められます。その鍵となるのが、資金の流れを変えるサステナブルファイナンスと、どの企業に投資をすべきかを見極めるための情報を提供するサステナビリティ開示です。

2023年3月期からは、有価証券報告書に「サステナビリティに関する考え方及び取組」の記載欄が設けられ、サステナビリティに関する開示が始まっています。この開示の基準として想定されているのが、サステナビリティ基準委員会（SSBJ）が公表する日本基準です。この基準の適用に関する詳細は現在、金融庁金融審議会で検討されていますが、この基準は、適用対象企業だけではなく、バリュー・チェーンを通した幅広い企業に影響を与えます。

では、企業はどのように準備を進めればよいのでしょうか。それは、まず日本基準を取り巻く状況を理解し、基準の「こころ」を摑むことから始まります。次に、基準の内容を理解し、その先に広がる未来の可能性を見据えることが重要です。本書がお伝えしたいのは、まさにこれらの内容です。

サステナビリティ開示基準が求めるのは単なる基準対応ではありません。財務とサステナビリティをいかに両立させ、新たな価値を創造していくかが問われています。様々なサステナビリティ課題が顕在化する中で、100年後、200年後に存続している企業であるためには、リスクを低減しつつ収益機会を最大化する戦略やビジネス・モデルの見直しが必要です。

日本企業には、グローバルなサステナビリティ課題への対応を通じて新たなチャンスを見出すポテンシャルがあります。これまで取り組んできた環境やサステナビリティへの取り組みを、サステナビリティ開示基準で正しく伝えること、そして、基準が目指すところに経営のベクトルを向け、「自社の強み」を自信をもって発信することで、グローバル市場やバリュー・チェーンで存在感を発揮できると考えています。

では、みなさんの企業にとって「自社の強み」とは何でしょうか。経営の神様とよばれるピーター・F・ドラッカーはこう述べています。「重要なことは、正しい答えを見つけることではない。正しい問いを探すことである。間違った問いに対する正しい答えほど、役に立たないものはない」。繰り返しますが、サステナビリティ開示基準が求めるのは単なる規制対応ではありません。サステナビリティ課題を前に、あなたの企業にとっての「正しい問い」（例えば、「私たちはどのようなビジネスで社会に価値を提供すべきか」）に向き合うことが求められています。この基準の「こころ」を読み取り、自らのビジネスの「強み」を引き出し、サステナブルな社会に向けた価値を創造すること。それは、読者であるあなたにしかできないことです。

「サステナ基準」は、急に注目され始めたかのように見えるかもしれませんが、それらは環境報告を含む長い歴史と積み重ねの上にできたものです。先人たちのご尽力に深い敬意と感謝を込めて、本書をお届けいたします。本書が、日本企業の競争力強化、我が国の資本市場の健全な発展、そして持続可能な経済社会の実現に少しでも貢献できることを心より願っています（なお、本書中の意見にかかる部分は筆者の個人的見解です）。

最後に、本書の執筆にあたり、多大なご支援をいただいた日経BP日経BOOKSユニット第1編集部の細谷和彦氏に感謝申し上げます。また、原稿の校正を手伝ってくれた公認会計士の卵たちにも感謝いたします。

2025年3月

阪 智香
水口 剛

サステナビリティ基準がわかる　目次

第2章 こうして基準が生まれた 41

第3章　我々は何をすべきか　87

第4章　変わる企業経営

〈本書に出てくる必修用語一覧〉

COP	締約国会議
CSRD	EUの企業サステナビリティ報告指令
ESRS	欧州サステナビリティ報告基準
GHGプロトコル（2004年）	温室効果ガスプロトコルの企業算定及び報告基準（2004年）
IFRS	国際財務報告基準
IFRS「S基準」	IFRSサステナビリティ開示基準
IFRS S1号	IFRS S1号「サステナビリティ関連財務情報の開示に関する全般的要求事項」
IFRS S2号	IFRS S2号「気候関連開示」
IOSCO	証券監督者国際機構
ISSB	国際サステナビリティ基準審議会
SSBJ	サステナビリティ基準委員会（日本）
TCFD	気候関連財務情報タスクフォース
TISFD	不平等・社会関連財務開示タスクフォース
TNFD	自然関連財務情報開示タスクフォース
適用基準	サステナビリティ開示ユニバーサル基準「サステナビリティ開示基準の適用」
一般基準	サステナビリティ開示テーマ別基準第1号「一般開示基準」
気候基準	サステナビリティ開示テーマ別基準第2号「気候関連開示基準」
日本基準	SSBJサステナビリティ開示基準（適用基準、一般基準、気候基準）
温対法に基づく排出量開示	地球温暖化対策の推進に関する法律に基づく温室効果ガス排出量の算定・報告・公表制度

第1章

今なぜ サステナビリティ情報の開示なのか

２０２３年3月の決算期から、有価証券報告書でサステナビリティ情報を開示することが義務付けられ、早い企業は27年3月期から基準の適用が見込まれます。そう聞くと「我が社は大丈夫か？」「何を書いたらいいのだろう？」と思うことでしょう。この開示は義務ですから、どう対応したらいいのかというＨＯＷが気になるのは自然なことです。しかしいきなりＨＯＷを考える前に、なぜそういうことになっているのかというＷＨＹを理解することが大事です。ＷＨＹが納得できれば、ＨＯＷも頭に入りやすくなるでしょう。そこで第1章では、今、なぜサステナビリティ情報の開示なのか、その背景をみていくことにしましょう。

1　そもそも情報開示とは

アカウンタビリティが出発点

上場企業などは金融商品取引法に基づいて、毎年、有価証券報告書を作成しなければなりません。所管は金融庁で、記載すべき内容は「企業内容等の開示に関する内閣府令（企業内容開示府令）」に定められています。金融庁は政府内で内閣府に所属するので「内閣府令」となっています。企業内容開示府令はわりと頻繁に改正されるのですが、２０２３年1月の改正で「サステナビリティに関する考え方及び取組」という記載欄が新設されたのです。そこではサステナビリティに関する「ガバナンス」「戦略」「リスク管理」「指標及び目標」を開示することとされました。ただし個別具体的な基準は、開示府令の中にはありません。それは別途作成されていますので、その内容を第3章で詳しく紹介します。

その前に注目したいのは、サステナビリティ情報以外の開示は以前から義務化されていたということです。有価証券報告書という制度は以前からあり、そこに新たにサステナビリティ情報が追加されたということです。「当たり前ではないか」と思うでしょうか。では、なぜ一般的な意味での情報開示が制度化されているのでしょうか。

情報開示の根本にある論理はアカウンタビリティ（説明責任）です。他人の資産や権限を委託された人は、それらをどのように使って、どのような成果をあげたのかを説明する責任があるという考え方です。経営者は株主の資金を預かって企業を経営するのですから、1年間にどれだけの成果をあげ、今どれだけの資産があるのかを説明する必要があるでしょう。それを端的に表すのが会計です。

意思決定に役立つ情報

一方投資家はこれから投資をするのですから、その企業が将来どうなるか予想して評価できる情報が必要です。つまり投資の意思決定に役立つ情報を求めます。そのような投資家の情報ニーズに応えるということが、現代の情報開示の基本的な目的だと考えられています。現時点での会計情報は将来予想の出発点になるでしょう。しかし会計だけでは十分ではありません。会計は過去と現在を表すだけですから、会計以外の周辺情報も加味して将来を予測する必要があるのです。例えば経営体制や戦略、設備や従業員の状況といった情報です。

投資家から資金を集めたいと思う企業は、規制がなくても情報を開示するかもしれません。しかし何の規制もなければ、自社に都合のよい情報ばかりが開示され、投資家が意思決定を誤るかもしれません。そうなれば投資家は情報を信頼できなくなってしまいます。情報が信頼できなければ、安心して投資できませんから、資本市場の機能まで低下しかねません。そうなっては困るので、投資家向けの情報開示を制度化し、その中核となる情報には第三者の「保証」をつけることで、情報の信頼性を確保することにしているのです。

つまり投資家向け情報開示の制度化は、投資家の利益を守るためであると同時に、資本市場の機能を守るためでもあるということです。もちろんその前提には、資本市場が適正に機能することが社会にとって望ましいという判断があります。「制度は社会のためにある」ということは、ここで改めて確認しておきたいと思います。

それでは、そのような投資家向け開示制度の中にサステナビリティ情報が加わったのはなぜでしょうか。直接的には、投資家の意思決定に必要な情報の範囲が広がった、つまり投資家の情報ニーズが広がったからだと言えるでしょう。資本市場が適正に機能するためにサステナビリティ情報が必要になったということでもあります。ではなぜ投資家の情報ニーズは拡大したのでしょうか。また、前提となる企業のアカウンタビリティの範囲も拡大したと考えるべきでしょうか。それらの疑問に答えるには、そもそもサステナビリティとは何かということを考えてみる必要があります。

2　サステナビリティとは何か

問われるのは企業か、社会か

サステナビリティとは持続可能性という意味です。それは「何の」持続可能性のことだと思うでしょうか。企業の持続可能性でしょうか、それとも社会の持続可能性でしょうか。

「企業の持続可能性に決まっているではないか」と思う人も多いようです。典型的な意見は次のようなものです。「社会の持続可能性も大事だけれど、企業活動はボランティアではないのだから、企業にとって重要なのは企業自身が長期的に存続し、成長できるかどうかだ。投資家が求めているのもそういう情報のはずだ」。

たしかに投資先の企業が長期的に存続し、成長できるかどうかは、投資家にとって最も知りたい情報の一つでしょう。ただしそれは、いわゆる非財務情報だけではわかりません。当然のことながら、売上高や利益率、負債比率など基礎となる会計情報もあわせて評価しなければ、企業の持続可能性は判断できません。つまり、もしサステナビリティという言葉が「企業の持続可能性」を意味するとしたら、それを表す情報は有価証券報告書の全部ということになってしまいます。サステナビリティはそういう意味ではありません。

企業の持続可能性が重要なのはその通りですが、サステナビリティという言葉の意味は少し違うということです。

そう言われても、まだ釈然としないかもしれません。次のような疑問がありそうです。「有価証券報告書の『サステナビリティに関する考え方及び取組』の欄には「社会の持続可能性」のことを書くのか。それは社会貢献について書くということなのか」。

ここには少し誤解があります。この欄の具体的な記載内容については、別途、国際基準やそれに基づく国内基準が作成されていますが、開示が求められる情報は、正確に言うと「サステナビリティ関連財務情報」です。つまりサステナビリティという言葉の意味は「社会の持続可能性」ですが、開示するのはサステナビリティに関連して企業に生じるリスクや機会に関する情報というわけです。決して本業と無関係なボランティア活動のようなことを意味しているわけではありません。それでは企業にリスクや機会をもたらす社会の持続可能性とは、どういうことでしょうか。次にサステナビリティという概念が登場してきた背景を確認しておきましょう。

目指すのは持続可能な開発

サステナビリティという言葉の理解は、「サステナブル・デベロップメント（持続可能な開発）」からきています。この概念を最初に提起したのは、国連が1984年に設置した「環境と開発に関する世界委員会」です。委員長が、ノルウェーの首相を務めたブルントラント氏だったことから、ブルントラント委員会と呼ばれました。同委員会は87年に公表した報告書『Our Common Future』の中で、「持続可能な開発」という考え方を打ち出し、「将来世代のニーズを満たす能力を損なうことなく、現在世代のニーズを満たす開発」と定義しました。「現在世代のニーズを満たす開発」とは、発展途上国を中心とした貧困の解消を意味します。貧困問題の解決のためには経済の発展が必要ですが、地球の環境と資源には制約がありますから、経済活動が環境破壊や資源の枯渇をもたらせば、将来世代にしわ寄せがいきます。そこで「将来世代のニーズを満たす能力を損なわない」こと、つまり環境と開発の両立が必要だというのが、持続可能な開発の趣旨でした。

国際社会はこの「持続可能な開発」を、目指すべき目標として受け入れています。1992年にはブラジルのリオデジャネイロで「環境と開発に関する国連会議（地球サミット）」が開催され、気候変動枠組み条約や生物多様性条約が採択されました。2015年の国連総会では『持続可能な開発のための2030アジェンダ』という文書が採択され、その中で2030年までに達成すべき17のゴールと169のターゲットからなる「持続可能な開発目標（SDGs）」が示されました。

こういった動きの背景には、今の経済や社会のあり方は持続可能ではないという認識があります。社会が持続可能でないのに、企業だけが利益を上げ続けられるはずはありません。良好な自然環境や安定した社会は経済活動の基盤をなすものですから、持続可能な社会を実現することは、企業も含めた社会共通の利益となります。そう考えれば、経済を担う企業の活動も持続可能な開発と整合するものであるべきだと思うのではないでしょうか。

サステナビリティという言葉はこのような文脈の中で使われたことから、環境と社会の持続可能性を指すようになったのです。前述の通り、この言葉は「企業自身が存続する能力」と誤解されやすいのですが、企業に関して使う場合には、「環境と社会と経済のトリプルボトムライン（三重の利益）」を意味すると言われます。つまり持続可能な開発との関わりや、それに貢献する力を表す言葉なのです。従来は「プロフィタビリティ（profitability）」、つまり利益獲得能力の高い企業が良い企業とされてきましたが、これからはサステナビリティが企業の新しい評価軸になるのではないかというわけです。

企業がサステナビリティに関して情報を開示すべきだという考え方は以前からありました。第2章でも触れるように、2000年には法的拘束力のない自主的な開示としてサステナビリティ報告が提唱されています。一方で、持続可能な開発は国際的な目標ですから、時代が進むにつれてさまざまな政策が動員され、規制も強まってきました。そのことが企業活動にとってのリスクや機会へと跳ね返ってくるのです。それが最も顕著に表れているのが気候変動問題です。

気候変動問題はリスクであり、機会でもある

「今年の夏は異常だ」と毎年思うようになりました。10年前、20年前に比べて夏が確実に暑くなっています。世界各地で豪雨や水害も頻発しています。もはや地球が温暖化していることを疑う人はいないでしょう。地球の平均気温の上昇は気候システムの変動を引き起こす可能性が高いので、気候変動問題とも呼ばれます。このまま温暖化が進めば甚大な被害が生まれますから、まさに経済活動に伴う典型的なサステナビリティ課題と言ってよいでしょう。

世界の研究者のネットワークである「気候変動に関する政府間パネル（Intergovernmental Panel on Climate Change：ＩＰＣＣ）」は、二酸化炭素やメタンなどの温室効果ガス（ＧＨＧ）の排出が地球を温暖化させることを１９８０年代から指摘してきました。ＩＰＣＣが最初に公式の評価報告書を公表したのは１９９０年で、それも踏まえて92年に気候変動枠組み条約ができました。２０２１年に公表された第1作業部会の第6次評価報告書では、人類の活動が地球を温暖化させたことは科学的にも疑う余地がないと断定しました。

２０１５年には気候変動枠組み条約の21回目の締約国会議（ＣＯＰ21）がパリで開催され、地球の平均気温の上昇を産業革命前と比較して2℃より十分に低い水準に抑え、１・5℃を目指すことに合意しました。これを「パリ協定」と言います。平均気温の上昇は

GHGの累積排出量、つまり産業革命以降に排出し続けてきたGHGの総量に比例することがわかっています。したがって平均気温の上昇を止めるには、どこかで排出量の累積を止める、すなわち排出をゼロにする必要があります。現実には排出を完全にゼロにすることはできませんので、大気中からのGHGの吸収と合わせて、2050年までに正味ゼロ（ネットゼロ）を目指すことが、世界のコンセンサスになっています。

日本も、GHG排出量を2030年までに2013年度比46％削減し、2050年に正味ゼロを目指すことを公約しています。そこまで減らすには、化石燃料中心の経済から再生可能エネルギーや水素を中心とした経済へと、産業構造を大きく転換しなければなりません。そのために政府は、23年には「GX（グリーントランスフォーメーション）実現に向けた基本方針」を閣議決定しました。GX実現のためには今後10年間で150兆円の資金を動員する必要があると試算し、そのうち20兆円はGX経済移行債と呼ぶ国債で賄う方針も示されました。実際に24年からGX経済移行債の発行が始まっています。

これだけの資金が動き、産業構造が転換する以上、個々の企業の活動にも大きな影響が及びます。そこには多様な事業の機会が生まれる一方、対応が遅れればリスクにもなるでしょう。サステナビリティが企業経営にとってリスクや機会となるとはこういうことです。

環境・社会課題の広がり

サステナビリティの課題は気候変動問題だけではありません。例えば生態系の破壊や生物多様性の喪失も大きなリスクです。気候変動におけるＩＰＣＣと同様に、生物多様性に関しても世界の研究者のネットワークとして「生物多様性及び生態系サービスに関する政府間科学政策プラットフォーム（Intergovernmental Science-Policy Platform on Biodiversity and Ecosystem Services：ＩＰＢＥＳ）」があります。その２０１９年の報告書は、現在、人間の活動のために１００万種の動植物が絶滅の危機に瀕していることを指摘しました。これは、地球の歴史上、過去5回の大量絶滅に匹敵する大量絶滅の危機だと言われます。22年には生物多様性条約の第15回締約国会議（ＣＯＰ15）で「グローバル生物多様性枠組」が採択され、「２０３０年に生物多様性の損失を止め反転させる（ネイチャーポジティブ）」などの目標が掲げられました。

一方、世界では今でも強制労働や児童労働のような人権侵害があります。企業は部品や原材料の供給網（サプライチェーン）を通じて、それらの人権侵害に関わるリスクがあります。11年には国連の人権理事会で「ビジネスと人権に関する指導原則」が採択され、22年には日本政府も「責任あるサプライチェーン等における人権尊重のためのガイドライン」を策定しています。

そのほか、国内でも外国人労働者の処遇やジェンダー格差などさまざまな人権課題があります。経済格差の拡大や、それに伴う社会の分断も大きな課題です。世界全体でみると人口の増加が地球環境への圧力となっていますが、日本では少子化と人口減少が社会の持続可能性を脅かしています。特に、過疎化が進む地方の危機は深刻です。地域社会の維持や労働力人口の確保は企業の存続にも直結するサステナビリティ課題だと言えます。

気候関連の財務情報開示については第3章で詳しく解説します。また、気候変動以外のサステナビリティ課題に関しては第5章で改めて取り上げます。

3　投資家行動の変化と情報ニーズの拡大

責任投資原則の提唱

ここまで見てきたようにサステナビリティ課題が深刻化し、ビジネスとも密接に関係し始めたという事実が、投資家向けの報告書の中でサステナビリティに関する記載欄を設けるべきだとの判断の背景にあるでしょう。ですが、いかに情報を開示しても、それを利用する投資家がいなければ意味がありません。開示の制度化の前提には、サステナビリティがリスクであり機会であると気づいた投資家の存在があるのです。そのような投資家の行動はサステナブルファイナンスと呼ばれます。そこで次に、情報の読み手である投資家側の変化に目を向けてみたいと思います。

投資家が環境や社会のことも考慮して投資すべきだという考え方には長い歴史があり、1920年代にはアメリカで社会的責任投資（Socially Responsible Investment：SRI）と呼ばれる投資行動があったと言われます。しかし当時は投資の主流にはなりませんでした。転機となったのは2006年の責任投資原則（Principles for Responsible Investment：PRI）の公表です。

PRIは、投資の分析と判断に環境、社会、コーポレートガバナンス（英語の頭文字をとってESGと呼びます）の要素を組み込むことなどをうたった6原則です。当時の国連事務総長だったコフィ・アナン氏が呼びかけ、世界の大手年金基金等が集まって作成しました。PRIは単に原則を示すだけでなく、賛同者には署名をするよう呼びかけました。現在では世界で5000以上の投資家が署名しています。PRIに署名すると、署名機関をメンバーとする組織の一員となります。この組織もPRI（正式にはPRIアソシエーション）と呼ばれ、理事会と事務局を置いて責任投資の推進に取り組んでいます。

ＰＲＩという原則の名称が示すように、投資判断にＥＳＧの要素を組み込んだ投資は「責任投資」と名付けられました。一方、原則の中で「ＥＳＧ」という略語を使ったことでこの用語が社会に広まり、責任投資は別名ＥＳＧ投資とも呼ばれるようになりました。その後、社債や国債で資金の使途をグリーン事業に限定する「グリーンボンド」なども提唱され、それらを総称してサステナブルファイナンスと呼ぶようになったのです。

サステナブルファイナンスは当初、ＰＲＩの事務局などが中心となって民間主導で推進されてきました。その後ＥＵでは、18年に欧州委員会がサステナブルファイナンスに関するアクションプランを公表し、政策的に推進し始めました。日本でも環境省が17年にグリーンボンドガイドラインを公表し、20年には金融庁がサステナブルファイナンス有識者会議を設置するなど、政府が後押ししています。

投資家とは誰か

それでは、サステナブルファイナンスをしている投資家とは、どんな人たちでしょうか。

一般に「投資家」と言われると、個人で株式を買ったり、売ったりする人を思い浮かべるかもしれません。しかしこれまでサステナブルファイナンスを推進してきたのは、そういった個人投資家ではなく、組織として資金を保有し、業務の一環として投資を行う機関投資家です。

例えば年金基金や保険会社は、加入者である大勢の個人から年金の掛け金や保険料を預かり、将来の年金や保険金の支払いに備えるために、それらの資金を運用しています。彼らは資金を自ら運用する場合もありますが、アセットマネジメント会社や信託銀行などに運用を委託する場合もあります。年金基金や保険会社などは資産の保有者という意味でアセットオーナー、その運用を受託する会社は運用者という意味でアセットマネージャーと呼ばれます。

サステナブルファイナンスの中心を担っているのは、これらの機関投資家です。彼らは、資産の運用が仕事ですから個人投資家に比べて専門性が高く、資金規模が大きいので、社会的な影響力も大きくなります。

日本では、2015年に年金積立金管理運用独立行政法人（GPIF）がPRIに署名したことで、サステナブルファイナンスが大きく進みました。GPIFは、国民年金と厚生年金の積立金をまとめて運用する政府系の特殊法人で、世界でも最大級の機関投資家です。それ以前にもESG投資を行う機関投資家はありましたが、GPIFのPRI署名を契機にして、その運用を受託するアセットマネージャーをはじめ、多くの機関投資家へと広がっていったのです。

サステナブルファイナンスとは何をすることなのか

サステナブルファイナンスとは具体的には何をすることなのでしょうか。そのために投資家はどんな情報を必要とするのでしょうか。それがわかると、どんな情報を開示すればいいかが見えてきます。

サステナブルファイナンスの方法は一つではありません。投資家は複数の方法を使い分けています。投資家ごとに方法論の組み合わせや重点の置きどころも違ってきます。例えばPRI事務局は、他の関係機関と共同で責任投資の方法論を図表1－1のように整理しています。図表の最初にあるスクリーニングとは、投資先となり得る企業を選別することを意味します。これは、兵器産業や石炭産業など特定の産業を除外するネガティブスクリーニングと、ESG評価が一定以上の企業、つまりESGの面から見て「良い企業」を投資対象として選別するポジティブスクリーニングに分かれます。

図表 1-1　責任投資の方法論

責任投資の方法	定義
スクリーニング	投資が許されるかどうかを決める定義されたクライテリアに基づく投資先の選別。
ESGインテグレーション	リスク調整後リターンの改善を目的にした、投資の分析と意思決定プロセスにおけるESG要素の継続的な考慮。
テーマ投資	特定のトレンドにアクセスするための投資先の選択。
スチュワードシップ	投資家の利益が依存する共有の経済的・社会的・環境的資産を含む、顧客と受益者の長期的な価値を守り、高めるための、投資家の権利と影響力の行使。
インパクト投資	財務的リターンとともに測定可能でポジティブな社会的・環境的インパクトを生む意図をもった投資。

［出所］ CFA Institute, Global Sustainable Investment Alliance, and Principles for Responsible Investment（2023）, Definitions for Responsible Investment Approaches より抜粋して筆者作成

例えばGPIFは投資資金の一部で、ESG指数に基づくパッシブ運用を行っています。これはポジティブスクリーニングを適用した方法です。具体的には、2024年時点で「FTSE Blossom Japan Index」や「MSCI日本株ESGセレクト・リーダーズ指数」など9本の指数に合計約18兆円を投じています。FTSEはイギリス、MSCIはアメリカを本拠とする国際的な指数会社で、数多くの株式指数を提供していますが、業務の一環として企業のESGレーティング（ESG評価）を行い、その評価の高い企業で構成

するＥＳＧ指数を提供しているのです。パッシブ運用とは、この指数に連動するよう、指数採用銘柄に幅広く投資する投資手法です。企業の立場から見ると、安定的に投資してもらえる上、ＥＳＧの面で進んだ企業だという評判も得られますから、ＧＰＩＦのＥＳＧ指数銘柄に採用されることには大きなメリットがあります。ＦＴＳＥやＭＳＣＩのＥＳＧレーティングは公表情報をもとに行われますので、ＥＳＧ指数に選ばれるためには各社が評価項目としているＥＳＧ情報を開示しておくことが重要になります。

一方、図表１－１のＥＳＧインテグレーションとは、個々の企業のＥＳＧに関連するリスクや機会を織り込んで企業価値の評価や投資判断を行う方法です。スクリーニングのように一律の評価基準を適用するのではなく、各企業に固有のＥＳＧ要素を勘案し、それを通常の企業評価に統合するのです。そのためにはＥＳＧに関連するリスクと機会の情報が適切に開示されていることが前提となります。

テーマ投資とは脱炭素や生物多様性など特定のテーマに沿って投資先を選別する投資、スチュワードシップとは主にＥＳＧをテーマにしたエンゲージメント活動を指します。ここでいうエンゲージメントとは、投資家が投資先企業に積極的に関与することを意味し、ＥＳＧをテーマにした対話を行ったり、株主提案をしたりすることが考えられます。

インパクト投資は、「財務的リターンと共に測定可能でポジティブな環境的・社会的インパクトを生むことを意図して行う投資」と定義されます。具体的な方法は投資先の選別やスチュワードシップ活動になりますが、ポジティブなインパクトを生むという意図を持つことと、それを実現するためにインパクトの測定と管理（Impact Measurement and Management：IMM）を行う点が特徴です。

図表に掲載した以外では、社債や国債を発行する際、調達資金の使途を環境に資するグリーン事業に限定することを約束して発行するグリーンボンドや、社会課題の解決に資する事業に資金使途を限定するソーシャルボンドなどの方法もあります。また、資金使途は限定しない代わり、あらかじめ達成すべき目標（サステナビリティ・パフォーマンス・ターゲット）を定めて発行するサステナビリティリンクボンドという方法も考案されています。さらに金融機関からも、これらを融資に応用したグリーンローンやサステナビリティリンクローンなどの融資商品が提供されています。

なぜサステナブルファイナンスをするのか

このようにサステナブルファイナンスの方法は多様な広がりを見せていますが、投資家の情報ニーズはこれらの方法をどんな観点から適用するのか、つまり何のためにサステナブルファイナンスを行うのかという目的によっても変わってきます。では投資家は、なぜサステナブルファイナンスをするのでしょうか。その目的は、3つ考えられます。

わかりやすい目的は、リスク調整後のリターンを改善するためです。気候変動や人権問題などのESG課題は経営上のリスクになりますし、ビジネス機会にもなり得ます。ESGインテグレーションとは、まさにそのようなESG課題に関わるリスクと機会を投資判断に織り込むことで投資成果を改善する方法です。スクリーニングやスチュワードシップ活動も同様の観点から行われることも多いと思われます。それらは、サステナビリティがリスクであり機会であると気づいた投資家たちの行動と言えるでしょう。

ではそれ以外の目的とは何でしょうか。PRIらはイギリスの大手法律事務所であるフレッシュフィールズ・ブルックハウス・デリンガーに執筆を委託して、2021年に『インパクトをもたらす投資に関する法的枠組み（A Legal Framework for Impact）』と題した報告書を公表し、その中で「サステナビリティインパクトのための投資（Investing for Sustainability Impact：IFSI）という概念を提起しました。同報告書によれば、IFSIとは「投資家が意図をもって、資金提供やその他の活動を通じて、サステナビリティ課題に関して評価可能なアウトカムを生むために、投資先企業やその他の第三者の行動に影響を与えようとする活動を幅広く捉える概念」であるとされています。ここに、リスク調整後リターンの改善とは別のサステナブルファイナンスの目的が表れています。

ＩＦＳＩはインパクト投資と混同されやすいのですが、両者は意味が異なります。インパクト投資は具体的な投資手法の一つですが、ＩＦＳＩはサステナビリティインパクトの追求という目的観に着目した幅広い概念です。ＩＦＳＩにはインパクト投資も含まれますが、それだけでなく、図表１－１に示したさまざまな手法で実践されます。そしてＩＦＳＩは、なぜサステナビリティインパクトを追求するのかという観点から、さらに二つに分かれます。手段的ＩＦＳＩ（Instrumental IFSI）と目的的ＩＦＳＩ（Ultimate-ends IFSI）です。

手段的ＩＦＳＩでは、長期的な観点からポートフォリオ全体の投資価値を守るためにサステナビリティインパクトを追求すると考えます。健全な自然環境や社会環境を守ることが、結局は経済活動の基盤を守ることにつながるからです。将来の投資価値を守るための合理的な手段としてＩＦＳＩをすると考えるわけです。一方、目的的ＩＦＳＩとは、環境や社会のサステナビリティそれ自体に価値があると考える場合のＩＦＳＩです。これは、最終的な資金の出し手である個人に「サステナビリティを重視したい」という価値観（サステナビリティ選好）があることを前提にした考え方です。

こう考えると、投資家がサステナブルファイナンスをする目的は、⑴リスク調整後リターンの向上、⑵手段的ＩＦＳＩ、⑶目的的ＩＦＳＩの３つがあることが分かります。この３つは必ずしも互いに排他的ではありません。つまり複数の目的を同時に持つこともあり得ます。例えば画期的な脱炭素技術に投資すれば、サステナビリティそのものに貢献し、将来の社会基盤を守ることにもつながり、直接的な投資リターンも期待できるでしょう。ただ、投資家がどの立場に立つかによって、その情報ニーズには違いが生まれます。最後にサステナブルファイナンスの目的の違いと情報ニーズの関係を考えてみましょう。

目的に応じた情報ニーズ

いくら投資家にとって情報が大事だと言っても、企業に際限なく開示を求めるわけにはいきません。そこで、その情報がないと投資判断が変わってしまうような重要性（マテリアリティ）のある情報かどうかが、開示するかどうかの判断基準となっています。後の章で詳しく説明しますが、サステナビリティ情報におけるマテリアリティの考え方には、シングルマテリアリティとダブルマテリアリティという２つの立場があります。シングルマテリアリティとは企業価値に与える影響の大きさという観点からマテリアリティを考える立場、ダブルマテリアリティとは、それに加えて、企業活動が環境や社会に与える影響の大きさも考慮する立場です。

サステナブルファイナンスの目的がリスク調整後のリターン向上にあるなら、シングルマテリアリティの開示が対応します。つまり投資家の情報ニーズは企業価値に与える影響を評価することになります。一方、目的IFSIの投資家はダブルマテリアリティに基づく開示を求めるでしょう。彼らにとっては、環境や社会への影響を理解することも重要だからです。

手段的IFSIは最終的には財務リターンへの影響を重視する立場ですが、リスク調整後リターンを求める立場より、情報ニーズの範囲が広がります。例えば温室効果ガス(GHG)の排出量は、業種によっては直接的なリスクやリターンへの影響は小さいかもしれません。しかし気候変動を緩和し経済活動の基盤を守るという観点からは重要な情報になるでしょう。

このようにサステナブルファイナンスの目的に応じて、さまざまな情報ニーズが生まれます。もっとも、情報ニーズがあるからといって、必ず開示が制度化されるわけではありません。今日のようにサステナビリティ情報開示が制度化されるまでには、制度の外側で企業に情報の開示を求め、アカウンタビリティの範囲を広げようと努力してきた多くの人たちの活動があります。次章では、企業の自主的な取り組みとして始まったサステナビリティ情報の開示が、やがて制度開示の中に組み込まれていくまでの変遷を見ていくことにしましょう。

第2章

こうして基準が生まれた

「情報を開示すると企業価値が上がるのですよね」とは、サステナビリティ情報開示に関わる人からよく聞かれる言葉です。「情報開示をいかに企業価値向上につなげるかが大事だ」という言い方がされることもあります。しかし、基準に則って有価証券報告書を作成してきた人からすると、この言葉には少し違和感があるかもしれません。資本市場に居続けるために情報開示は必須条件ですが、開示の仕方によって企業価値を上げ下げできるのでしょうか。

このことは、これまでサステナビリティ情報開示が制度外の任意開示として発展してきたことと関係しています。企業による自主的な開示だからこそ、企業価値との関係が強調されてきた面があるのです。それは、次のような疑問につながります。「サステナビリティ情報の制度開示が始まれば、自主的開示はしなくてよいのか」。自主的な開示である以上、その答えは各社の判断に委ねられますが、これまでの自主的開示のどの部分が制度開示に取り入れられたのかが、一つの判断材料になるでしょう。それは同時に、新たに導入されるサステナビリティ情報の制度開示にどのように向き合えばよいのかを考えることにもつながります。そこで本章では、日本の開示基準の内容を詳しく見る前に、これまでの自主的開示の取り組みがどのように制度開示の基準へとつながってきたのか、その変遷を見ていきたいと思います。

1　サステナビリティ報告から統合報告へ——制度開示前夜

情報開示と企業価値

情報開示をすると企業価値が上がるのかは、奥の深い問題です。それはまず企業価値とは何かという問いと関わります。もし企業価値を「企業の経済的価値」と捉えるなら、市場で評価された株式の価値の総額、すなわち時価総額か、それに負債総額を加えたものということになるでしょう。その値は、理論的には企業が生み出す将来キャッシュ・フローの総額を資本コストで割り引いた現在価値に等しくなるはずです。

将来のキャッシュ・フローを左右するのは企業の実際の活動です。情報を開示したからといって、キャッシュ・フローが増えたり、減ったりするとは思えません。ただし、十分な情報開示がなければ、将来のキャッシュ・フローを的確に予測したり、評価したりすることができませんから、投資家は情報の開示を求めます。情報が不十分な場合には、投資家がそれをリスクと捉えて株価を低く評価するディスカウントが起こります。例えば気候変動等に関わるリスクと機会、ガバナンスやリスク管理の状況などは、将来のキャッシュ・フローを左右する情報です。それらの情報を開示することで企業と投資家の間の情報格差を埋めることは、市場で適正な評価を得るのに役立ちます。それは、厳密に言えば企業価値を高めるというより、市場の評価を本来の企業価値に近づけることかもしれません。ただ、将来のことは予測に過ぎませんから、適切な開示によって投資家の期待が高まり、株価などの市場の評価が上がることを「企業価値の向上」と呼ぶというのも一つの考え方でしょう。

一方、企業の価値はもっと広く、社会的な価値や存在意義があるという見方もあるでしょう。例えば雇用の維持や働きやすい職場環境、従業員の生活や成長の場、豊かな生活や文化の創造、地域社会への貢献、脱炭素、自然との調和など、多様な側面が考えられます。それらも市場で正しく評価され、株価に織り込まれるべきだという意見もあるかもしれません。それは、消費者や投資家など、誰かが、その社会的価値に対してプレミアムを払うことを意味します。サステナビリティ情報の開示を企業価値向上につなげると言うとき、このような観点から市場での評価を高めることを意図している場合もあります。情報をきちんと開示して説明すれば市場の評価を高められるというのは、何ら義務のない中で企業に自主的な開示を促すためのロジックだったと言ってもいいでしょう。

それでは実際には、どのような人たちが何を意図してサステナビリティ情報の開示を求めてきたのでしょうか。実は、サステナビリティ情報開示の原型となった環境報告書の開示を企業に最初に求めたのはアメリカの投資家たちでした。彼らは、当初、必ずしも目先の企業価値向上を目指していたわけではありませんでした。

投資家が求めた環境報告――ＣＥＲＥＳ

第1章でアメリカに社会的責任投資（ＳＲＩ）という投資行動があったことを紹介しました。今のＥＳＧ投資の源流です。このＳＲＩを行う投資家たちが１９８０年代初頭に社会的投資フォーラム（Social Investment Forum：ＳＩＦ）というグループを作り、ＳＩＦがアメリカの主要な環境保護団体と連合して１９８９年に「環境に責任を持つ経済のための連合（Coalition for Environmentally Responsible Economies：ＣＥＲＥＳ）」を設立しました。そして同年、ＣＥＲＥＳがバルディーズ原則という原則の中で環境報告書という概念を提起したのです。ＳＩＦ（現在はＵＳＳＩＦ）やＣＥＲＥＳは今も有力な非営利組織として活動しています。

バルディーズ原則のきっかけとなったのは当時アラスカ沖で座礁したエクソン社（現エクソン・モービル）のタンカー「バルディーズ号」の原油流出事故です。この事故は深刻な環境破壊であると同時に、同社が多額の損害賠償を負ったことで株主の利益も傷つけました。そこから「環境に配慮した企業行動が長期的には投資家の利益につながる」という論理を導いて、投資家の立場から企業に求める環境配慮行動の10原則をまとめたものがバルディーズ原則でした。その前文には「企業の利潤追求行動は環境を破壊しない範囲でのみ許される」という理念が掲げられていました。

そしてこの原則の8番目で環境報告書の作成を求めたのです。CERESは機関投資家の力を背景に企業にバルディーズ原則への署名を求めました。署名した企業が、実際にどのように原則に準拠し、環境配慮経営をしたのかを説明するのが環境報告書の役割でした。

当時CERESは、報告フォーマットと題して環境報告書の記載事項のひな型を示していました。その内容は企業の環境方針や組織体制、温室効果ガスや有害廃棄物排出量の目標値と実績値、取引先選定の際の環境配慮とモニタリングなどでした。この構成からわかるように、もともと環境報告書は将来のキャッシュ・フローの予測に資するような財務情報の一環として構想されたわけではなく、企業に環境配慮行動を求める投資家が、環境に関するアカウンタビリティを求めることで、企業経営を規律づけようとするものだったと言えるでしょう。

その後、この環境報告書の報告フォーマットが原型となり、報告内容に社会課題を加えたサステナビリティ報告書のガイドラインへと発展していきました。そのきっかけを作ったのもＣＥＲＥＳでした。

環境からサステナビリティへ——ＧＲＩ

ＣＥＲＥＳは１９９７年に、アメリカの非営利研究機関であるテラス研究所と共同でグローバル・レポーティング・イニシアティブ（Global Reporting Initiative：ＧＲＩ）を立ち上げました。そしてＧＲＩが99年の公開草案を経て、２０００年にサステナビリティ報告書の最初の国際ガイドラインを公表したのです。

サステナビリティの定義は「環境と社会と経済のトリプルボトムライン」というものでした。ボトムラインとは直訳すれば「一番下の行」という意味ですが、損益計算書の最後の行は利益なので、一般的には企業の最終的な利益のことを表します。これに対してトリプルボトムラインは、単に財務的な利益ではなく、環境と社会と経済への貢献が企業の評価軸になるという考え方を表しています。そのためサステナビリティ報告ではこの３つの分野の開示を求めています。

例えば環境分野ではエネルギー、水、生物多様性、温室効果ガス等の排出、廃棄物など、社会分野では雇用、労使関係、ダイバーシティ、差別の禁止、児童労働・強制労働の禁止など、経済分野では腐敗防止、反競争的行動、間接的経済インパクト、租税回避などです。

その後、GRIは国連環境計画（UNEP）と連携して2002年にCERESから分かれ、自立した非営利組織となりました。その時に本拠もアメリカからオランダのアムステルダムに移しています。そして何度かガイドラインを改定した後、グローバル・サステナビリティ基準審議会（Global Sustainability Standards Board：GSSB）という委員会組織を設置して手続きの透明性を高め、16年にそれまでのガイドラインを、GRIスタンダードと呼ぶ基準へと移行しました。これは、法的強制力のない任意開示の基準ですが、サステナビリティ報告書を作成する企業に広く参照されてきました。

財務情報と異なるマテリアリティ（重要性）の考え方

GRI基準の特徴の一つは、マルチステークホルダーという考え方にあります。投資家だけでなく、政府や労働組合、消費者、環境団体など、多様なステークホルダーの情報ニーズを考慮するという立場です。そのために、企業行動が環境や社会にどんな影響を与えているかに注目した開示基準になっているのです。サステナビリティとはトリプルボトムラインなのだから、株主や投資家にとっての利益だけでなく、多様なステークホルダーにとっての利益を目指すというわけです。そのことは、マテリアリティ（重要性）の考え方にも表れています。

マテリアリティについては後の章で詳しく触れますが、もともと会計の分野では重要性の高いものには厳密な会計処理や開示を求め、重要性の低いものには簡易な取り扱いを認めてきました。その際の判断基準は、その情報の省略や誤表示が投資家の意思決定に影響を与えると合理的に予想されるかどうかです。ところがＧＲＩは、２０１１年に公表した第3版のガイドラインで、それとは異なるマテリアリティの考え方を示したのです。

ＧＲＩガイドライン第3版では、サステナビリティ報告書で何を開示すべきかを判断する基準がマテリアリティであるとし、それは①環境、社会、経済に与える影響の大きさと、②ステークホルダーの評価と意思決定に与える影響の2軸からなるとしました（図表２―1）。この2軸によるマテリアリティの評価はその後さまざまなバリエーションを生み、今では横軸に環境・社会への影響の大きさやステークホルダーにとっての重要度を、縦軸に自社の経営にとっての重要度を取るという方法が比較的広まっています。一方、現在のＧＲＩス

図表 2-1　GRI ガイドライン第 3 版のマテリアリティ

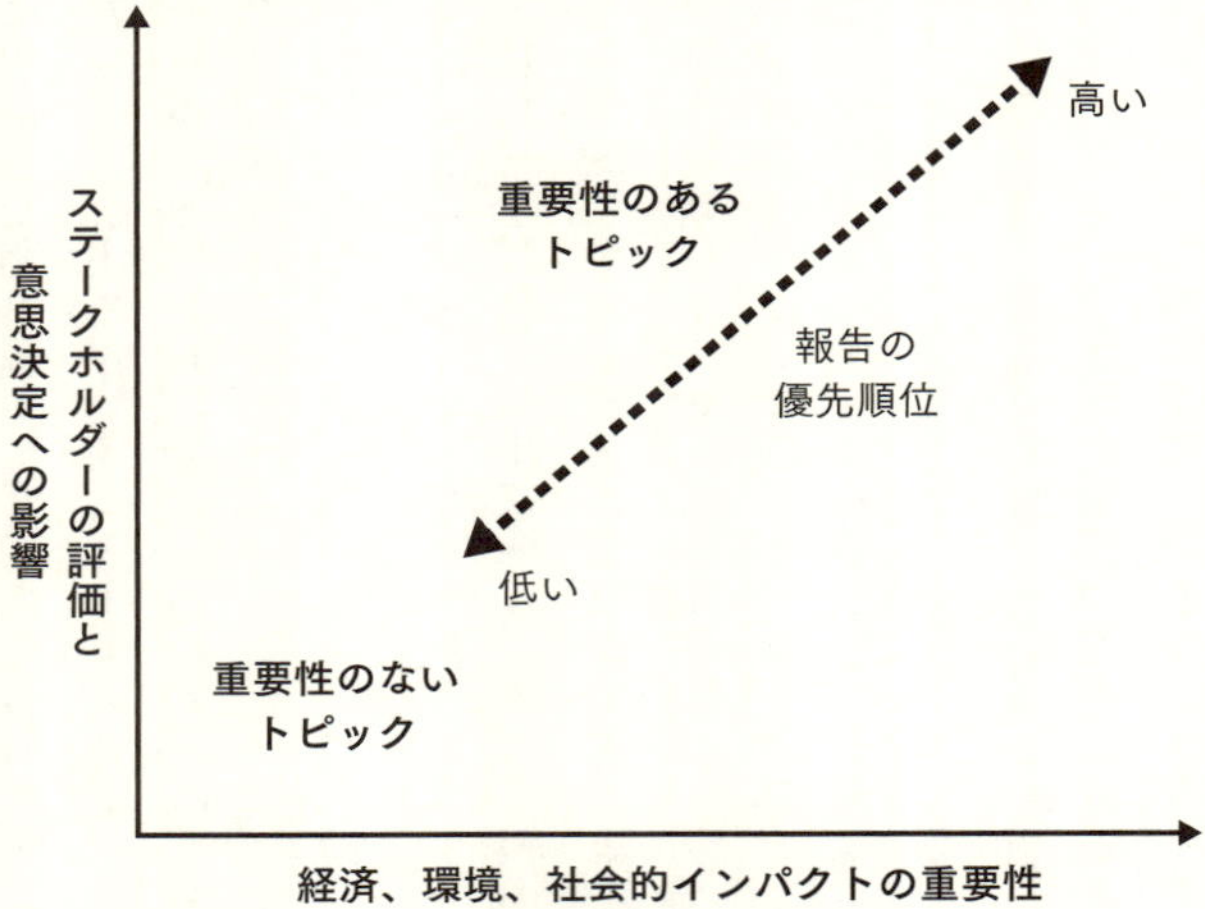

［出所］　GRI（2011）Sustainability Reporting Guidelines Version3.1、p.8 をもとに筆者作成

タンダードでは、「社会」を「人権を含む人への影響」に置き換え、マテリアルな（重要な）トピックとは、企業活動の結果として経済、環境、人に重大なインパクト（影響）を与える事項だと定義しています。

財務的な重要性との関係についてGRIスタンダードは、経済、環境、人に重大なインパクトを与える事項は結果的には企業にも正負両面の結果をもたらし得るので、多くの場合財務的にも重要だと記しています。しかし、それは結果的にそうだというだけで、このようなサステナビリティに関するマテリアリティの考え方は、投資家が求める企業価値の向上を直接的な目的にしたものではありません。それにもかかわらず、なぜサステナビリティ報告書を作成する企業はここまで広がってきたのでしょうか。

ESG評価への利用

サステナビリティ報告書の作成が広がった理由はいろいろ考えられますが、その一つにそれらの情報が企業評価に使われるようになったことがあるでしょう。第1章で触れたように、サステナブルファイナンスの方法の一つに、環境や社会の観点から企業を評価して投資先を選別するスクリーニングという方法があります。そのために、かつては専門の投資顧問会社や調査会社がそれぞれ企業に質問状を送り、その回答をもとにして企業の環境・社会問題への対応状況を評価していました。

しかしいちいち質問状を送って回答を求めるのは手間ですし、企業側も多くの調査会社の質問に何度も答えるのは非効率です。サステナビリティ報告書が登場したことで、公開情報を使って企業を評価できるようになりました。やがて小規模な専門の調査会社がFTSEやMSCIなどの有力企業に吸収されてESG評価機関と呼ばれるようになり、彼らが公開情報をもとに世界数千社の企業を評価するようになったのです。

各評価機関の評価基準は各社の理念や専門性を反映して多様ですが、基本的な方法論は共通です。それはESG要因を項目別に分けた上で評価し、総合するというものです。例えば環境問題や社会問題を、気候変動、生物多様性、資源循環、労働環境、コミュニティへの貢献といった分野に分け、それぞれに方針や目標の有無、実績値などの項目で評点を付けた上で、ウエイト付けして合計するといったイメージです。評価機関はサステナビリティ報告書をはじめとする企業のサステナビリティ情報を検索して、項目ごとの評価をしますので、開示が少ないと評価が下がってしまいます。

FTSEやMSCIはこの評価を使ってESG指数を作成していますし、評価結果はESGレーティングやESGスコアなどと呼ばれて、運用会社などの機関投資家にも販売されます。投資家はそれらを投資先企業の分析の基礎情報として利用しています。このようにサステナビリティ情報の開示が企業のESG評価に使われるようになったことが、サステナビリティ報告書の作成が広がった背景にあります。本章の冒頭に記した「サステナビリティ情報開示を企業価値向上につなげる」という考え方の発端もこの点にあると思われます。このような「投資家に情報ニーズがある」という論理をより明示的に打ち出して、情報開示を求めたのが、カーボン・ディスクロージャー・プロジェクトでした。

気候変動問題に焦点を当てた情報開示の要求――CDP

カーボン・ディスクロージャー・プロジェクト（CDP）は、2000年にイギリスで発足した活動です。その名の通り、当初、企業に二酸化炭素の排出量と、それに関係する気候変動関連の方針や目標などの情報開示を求めるプロジェクトでした。GRIのように報告書のガイドラインを作るのではなく、時価総額等で影響の大きい企業を特定して、直接、質問票を送って回答を求めたのです。その特徴は、世界の大手の機関投資家の署名を集め、投資家が情報を求めているという形をとったことでした。

最初に質問票を送ったのは2003年ですが、24年時点では、世界の700を超える機関投資家が署名し、その資産総額は142兆ドル以上、回答企業数は2万3000社以上と言われます。その間、質問と回答はオンラインプラットフォームへと進化し、テーマも水資源の利用や森林破壊へと広がり、2024年にはプラスチックが加わりました。大手企業が取引先企業に回答を求めるCDPサプライチェーンや、自治体等を対象としたCDPシティなどのプログラムも開始し、組織の正式名称も「CDP」に変更されました。

当初の構想はCDPが集めた情報を投資家に提供し、個々の投資家がそれを評価するというものでしたが、今ではCDP自身も回答に基づいてAランク、Bランクといった企業評価をしています。CDPは純粋に民間の活動ですから、回答する義務が企業にあるわけではありませんが、投資家がその情報を利用することで、事実上の影響力が生まれていると言っていいでしょう。

一方、投資家に本当に情報ニーズがあるなら、いちいち質問票を送るのでなく、制度開示に組み込むべきとも考えられます。CDPは07年に気候開示基準審議会（Climate Disclosure Standards Board：CDSB）を立ち上げました。その目的は、アニュアルレポートなどの主要な財務報告書類の中で、気候変動に関連する情報を提供する枠組みを提案することでした。CDPが事務局を務めましたが、理事会にはCERESや世界経済フォーラムなどが名を連ね、日本公認会計士協会を含む各国の会計士協会や大手会計事務所からなる作業部会を設けるなど、独自の道を歩みました。

CDSBは、10年に最初のフレームワークを公表し、その後何度か改訂版を公表しています。フレームワークが提案する開示項目は「戦略の分析」「リスクと機会」「ガバナンス」「将来見通し」「温室効果ガス排出量」などからなり、この内容は後述する気候関連財務情報タスクフォース（TCFD）の基礎になったと言われます。CDSBはその後、国際サステナビリティ基準審議会（ISSB）に合流することになりました。

制度開示を目指した試み――SASB

サステナビリティ情報を制度開示に組み込もうとする動きはアメリカでも起こりました。2011年に設立されたサステナビリティ会計基準審議会（Sustainability Accounting Standards Board：SASB）です。

アメリカでは、日本の有価証券報告書に相当する書類として、上場企業等が証券取引委員会（SEC）に提出する「フォーム10k」などの書類があります。SASBは民間の組織ですが、当初、このフォーム10kなどにサステナビリティ情報を組み込むための開示基準を策定することを目指しました。もっとも、組織名には「会計（Accounting）」という用語が使われていますが、実際に提案された基準は貨幣数値で測定するものではなく、GRIスタンダードと同様、主として物量数値で表す情報です。例えば自動車産業であれば、販売した車の走行距離当たり二酸化炭素排出量の平均やゼロエミッション車の販売台数などがあげられています。

GRIとの違いは、マルチステークホルダーではなく、投資家の意思決定に有用な情報の開示を目的にしていることです。SASBは基準の公表に先立って17年に「概念フレームワーク」と題した文書を公表しています。その中でサステナビリティ情報を開示する目的について、次のように記しています。

「伝統的な財務諸表は企業の長期的な価値創造能力に関わる全ての要因をとらえるわけではないため、簿価と市場価格に乖離がある。そのような『価値のギャップ』の多くは環境、社会、人的資本とコーポレート・ガバナンスの問題に起因する。したがって企業報告は財務諸表の範囲を超えて、すべての重要なリスクと機会に関する意思決定者の理解を高めるようなサステナビリティ情報の測定と報告を扱うよう、拡張すべきである」

そしてSASB基準は企業の財政状態と経営成績に重大な影響を与え得るサステナビリティ項目を対象にするとして、伝統的な財務会計と共通のマテリアリティの定義を採用することを示しました。この概念フレームワークをもとにしてSASBは18年以降、77の業種を特定して、業種別に開示基準を公表してきたのです。

SASBは、次に述べるIIRCと21年に統合してバリュー・レポーティング・ファウンデーション（VRF）となり、翌22年にVRFはISSBに合流しました。

価値創造プロセスの報告——IIRC

サステナビリティと価値創造の関係をもう一段高い視点から検討して、「統合思考」という概念を生み出したのが国際統合報告評議会（International Integrated Reporting Council：IIRC）でした。IIRCの母体となったのは、イギリスのチャールズ皇太子（当時。現イギリス国王）のリーダーシップで2004年に設立されたアカウンティング・フォー・サステナビリティ（A4S）というグループです。A4Sの理念は当時のチャールズ皇太子の次の言葉に表れています。

「私たちは21世紀の課題に対して、せいぜい20世紀の意思決定と報告のシステムで立ち向かおうとしている」

21世紀の課題とは、気候変動問題や貧困と格差の拡大といったサステナビリティの課題です。20世紀のシステムとは、今の会計報告をもとにした意思決定のあり方を意味します。会計は企業の利益を計算しますが、そこには企業活動がもたらす気候変動や格差拡大などの社会的なコストは反映されません。そのいわば不完全な情報に基づいて市場の意思決定がなされているために、現代の経済活動がシステマティックに社会のサステナビリティを毀損しているのではないか、というのです。そこでA4Sは会計とファイナンスのあり方を変革することを目指しました。

このA4SがGRIと共同で10年に国際統合報告委員会（International Integrated

Reporting Committee）を立ち上げ、後に「評議会」に名を変えて独立した組織としてのＩＩＲＣとなりました。ＩＩＲＣは11年のディスカッション・ペーパーの公表を経て、13年に国際統合報告フレームワークを公表しました。その中で、統合報告の主要な記載項目として「組織の概要と外部環境」「ガバナンス」「ビジネスモデル」「リスクと機会」「戦略と資源配分」「パフォーマンス」「将来見通し」などをあげています。このフレームワークの公表以降、サステナビリティ報告書と並んで統合報告書の作成が企業に広まりました。

統合報告書とは、「企業の価値創造プロセスを報告するもの」と言われることが多いと思います。この説明は間違いではありませんが、この部分だけを取り出したのでは、統合報告の理解として不十分です。統合報告の前提になるのは「統合思考」であり、報告するのは「統合思考に基づいた」価値創造プロセスだからです。

それでは統合思考とはどういうことでしょうか。統合思考を理解する鍵は、「資本」という概念の拡張にあります。

資本概念の拡張と統合思考

資本の概念を拡張するという考え方自体はＩＩＲＣが初めてではありません。宇沢弘文は

1974年に著した『自動車の社会的費用』の中で社会的共通資本の考え方を提起しました。93年にはロバート・パットナムが『哲学する民主主義（原題：Making Democracy Work）』の中でソーシャル・キャピタルを論じています。ポール・ホーケンとエイモリー・ロビンスらは99年に『自然資本の経済（原題：Natural Capitalism）』を著しました。IIRCの特徴は、このような資本概念の拡張を情報開示に結びつけたことです。

図表2－2は、IIRCがフレームワークの中で示した価値創造プロセスの概念図です。企業活動は、貨幣的な資本である財務資本だけでなく、製造資本、知的資本、人的資本、社会・関係資本、自然資本という6つの資本のインプットで成り立っていることがわかります。そして企業活動は結果的にそれらの資本に影響を与えます。

株主・投資家が提供する財務資本は企業活動の元手となり、企業活動の結果として増えたり、減ったりします。その結果、財務資本が増えることは企業価値の創造です。しかし財務資本だけで企業活動はできません。その資本を活用して実際に働いてくれる従業員という人的資本や、その活動を支える知識やノウハウといった知的資本がなければ、事業活動はできません。人的資本や知的資本があっても、社会における信頼や規範、ネットワークなどの社会・関係資本がなければ事業は成り立ちませんし、その前提には安定した自然環境が不可欠

図表 2-2　IIRC の価値創造プロセス

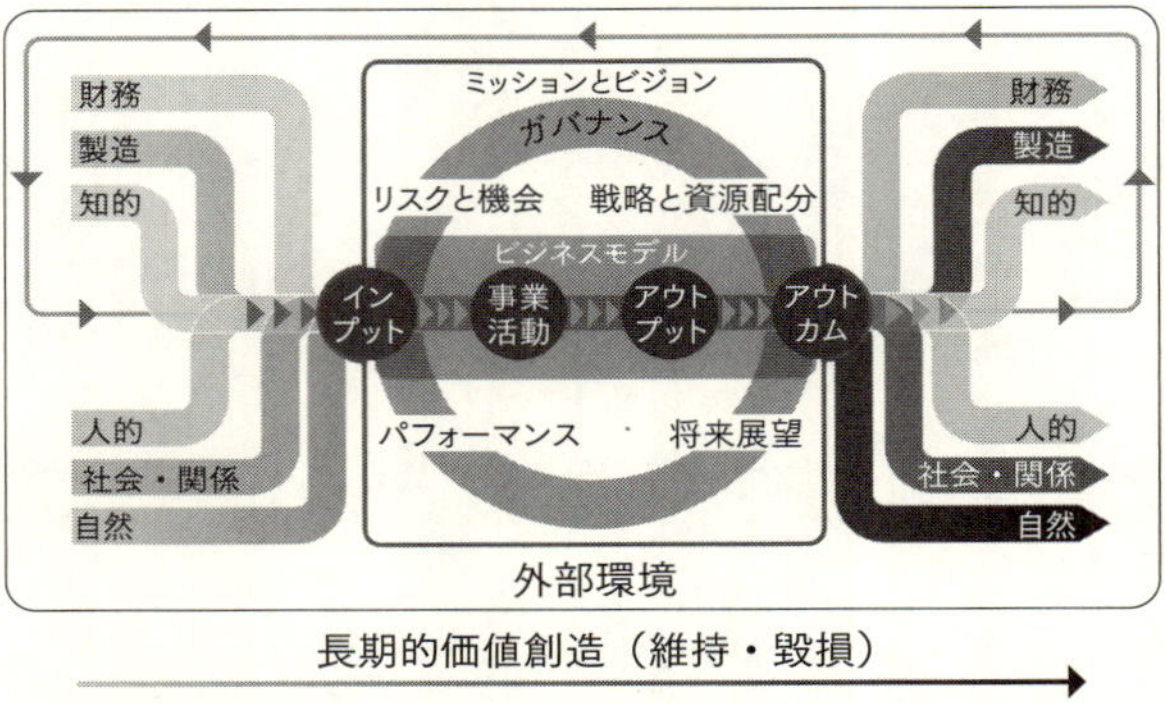

［出所］　IIRC（2013）The International Integrated Reporting Framework、p.13 をもとに筆者作成

です。

企業はこれらの多様な資本に依存すると同時に、結果としてそれらの資本に影響も与えます。財務資本の増減と同様に、それらの資本を増やすことも価値の創造であり、減らすことは価値の毀損です。企業活動が自然資本や社会・関係資本にも依存している以上、それらを毀損することは、長期的に見れば、企業活動の障害となり、企業価値の向上にとっても制約になるでしょう。例えば異常気象が頻発したり、貧困・格差が蔓延したりする社会の中で、企業だけが成長を続けられるとは思えません。そこで財務資本に関わる企業価値の創造と、その他の資本に関わる価値の創造とを統一的に理解しようというのが、統合思考なのです。

先に述べた通り、ＩＩＲＣはＳＡＳＢと統合してＶＲＦとなった後、ＩＳＳＢに合流しました。ですから統合思考はＩＳＳＢの中に息づいていると言ってもいいでしょう。

気候変動は財務的なリスク——ＴＣＦＤ

サステナビリティ情報開示のすそ野をさらに広げたのが、気候関連財務情報開示タスクフォース（Task Force on Climate-related Financial Disclosures：ＴＣＦＤ）の報告書です。ＴＣＦＤは、Ｇ20の要請を受けて、主要国の中央銀行・金融当局などから構成される金融安定理事会（Financial Stability Board：ＦＳＢ）が２０１５年に設置した組織で、17年に『気候関連財務情報開示タスクフォースの提言（ＴＣＦＤ提言）』と題した最終報告書を公表しました。

15年と言えば第1章で触れたパリ協定が合意された年です。この合意はリスクと機会の両面で金融市場に大きな影響をもたらします。そこで投資家が気候関連のリスクと機会を適切に評価し、価格付けできるよう、気候変動問題に関わる財務情報開示の枠組みを策定するためにＴＣＦＤが設置されたのです。

同報告書によれば、気候変動のために企業は「物理的リスク」と「移行リスク」という二種類のリスクに直面します。物理的リスクとは、気候変動に起因する資産の損害や事業活動への被害などで、豪雨や水害などによる急性的リスクと、気温上昇に伴う農作物の適地の変化や海面上昇などによる慢性的リスクがあります。一方、移行リスクとは、脱炭素型の産業構造に転換することに伴うリスクで、政策リスクや法的リスク、技術体系の変化による技術的リスクや市場リスク、評判リスクなどがあります。投資家はこれらのリスクを正しく企業評価に織り込む必要があります。

当時すでに気候関連の情報開示のための基準やガイドラインはいくつも開発されていましたが、それらは互いに一貫性や比較可能性に欠ける上、温室効果ガス排出量などの気候情報そのものに焦点が当たっていて、財務的影響に関する情報が不足しているというのが、TCFDの意見でした。そこで、気候関連の「財務情報開示（Financial Disclosures）」を拡充すべきだと提言したのです。

そして、具体的に開示すべき情報の内容として、気候関連の「ガバナンス」「戦略」「リスク管理」「指標と目標」の4つを提唱しました。中でも戦略に関しては、2℃以下のシナリオを含む、異なる気候関連のシナリオを考慮して戦略のレジリエンス、すなわち戦略が柔軟かつ適切に対応できるかどうかについて記述することを求めました。

ＴＣＦＤの報告書に法的な拘束力はありませんが、ＦＳＢが設置したタスクフォースですので、各国の当局が推進してきました。日本では、最上位の上場市場であるプライム市場の上場企業に対して、上場基準によってＴＣＦＤと同等の開示が求められています。そしてこのＴＣＦＤの提言がグローバルな開示基準の基本的な枠組みとして引き継がれることになります。

2　日本基準の「こころ」はここにあり――ＩＦＲＳ「Ｓ基準」

ここまで見てきたような自主的開示のさまざまな変遷を経て、いよいよ制度開示に向けた基準の開発に至ります。特に投資家ニーズを反映し、金融市場の安定化を目的としたＴＣＦＤ提言は、グローバル・スタンダートとして引き継がれます。ここで知っていただきたいのは、サステナビリティ開示がここまで注目され、グローバル・スタンダードとなったのは、ＩＳＳＢの発足とＩＯＳＣＯによる承認があったためであることです。基準を形式的に理解するだけでなく、基準の背後にある真意、すなわち日本基準の「こころ」を理解するには、このＩＦＲＳ「Ｓ基準」の「こころ」を理解しておくことが重要です。

アルファベットスープ批判

ＩＳＳＢはどのようにして発足したのでしょうか。任意開示の基準やガイドラインは世界で数多く存在しましたが、あまりに多すぎて、企業や投資家に混乱が生じたことが一つのきっかけでした。アルファベットスープとは略語や頭文字が多いことを表す比喩ですが、ＣＤＰ、ＣＤＳＢ、ＧＲＩ、ＩＩＲＣ、ＳＡＳＢ、ＴＣＦＤなど、基準やフレームワークの多さがアルファベットスープのようだと批判されたのです。

そのような背景もあって、ＣＤＰ、ＣＤＳＢ、ＧＲＩ、ＩＩＲＣ、ＳＡＳＢという主要５団体（Group of 5）が連名で、２０２０年9月に「包括的な企業報告に向けた協働の意向に関する声明」と題した20ページあまりの文書を公表しました。その中で彼らは、サステナビリティ情報開示が混乱している理由の一つは、多様な情報利用者の異なる情報ニーズがあるためだとして、２つのマテリアリティ概念を区別することを提案しました。一つは企業活動が人、経済、環境に与える影響の大きさに基づくマテリアリティで、世界経済フォーラムなどが提唱するステークホルダー資本主義やパーパス経営に対応します。もう一つは企業価値創造に与える影響の大きさに基づくマテリアリティで、投資家の意思決定に資する情報に対応します。さらに、これらのマテリアリティは固定的なものではなく、図表２－３に示す

図表 2-3　ダイナミックマテリアリティ

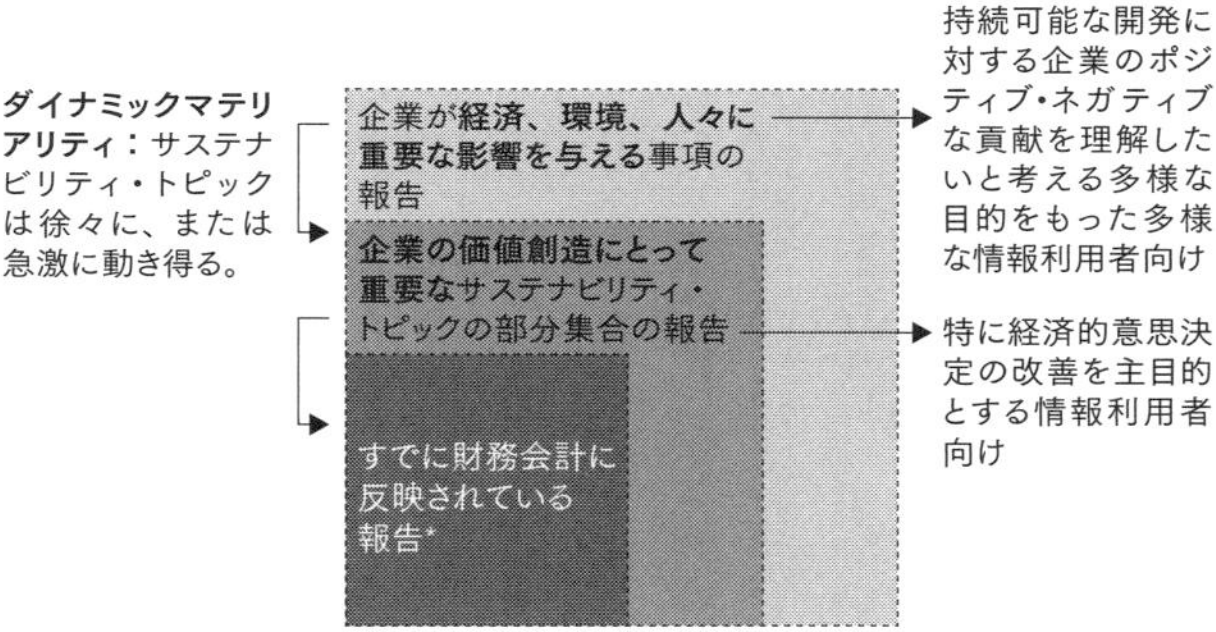

*仮定とキャッシュ・フローの予測を含む

［出所］　CDP、CDSB、GRI、IIRC and SASB（2020）Statement of Intent to Work Together Towards Comprehensive Corporate Reporting、p.15をもとに筆者作成

ように、人や環境への影響の面でマテリアルな項目は、時とともに企業価値への影響の面でもマテリアルになるという「ダイナミックマテリアリティ」という概念を提唱しました。

その上でサステナビリティに関する包括的な企業報告システムを構築するために、企業価値の創造に関わる情報開示を基礎にして、それ以外の情報開示を積み上げていく「ビルディング・ブロック」アプローチを提案し、IOSCOやIFRS財団をはじめとする広範なステークホルダーと協力していく姿勢を示しました。同年12月には5団体による協働の次のステップとして、5団体が開発してきたフレームワークや基準とTCFD提言とを基礎にした『企業価値に関する報告——気候変動財務開示基準のプロトタイプの例示』を公表しました。この内容がIFRS「S基準」の原型となったのです。

グローバル・スタンダード——IFRS「S基準」の到来

会計の世界で、グローバル・スタンダートと言えばIFRS（International Financial Reporting Standards）財団が公表する国際会計基準（国際財務報告基準。IFRS基準とも言う）です。この基準は、IFRS財団の下に設置された国際会計基準審議会（International Accounting Standards Board：IASB）が策定し、世界140カ国以上の制度開示で使われています。このようにIFRS財団は、世界中の企業や投資家に向けた会計基準（IFRS基準）の作成を担う、各国政府から独立した組織です。そのIFRS財団が、サステナビリティ開示基準の開発に乗り出したことで、サステナビリティ開示の位置づけが大きく変わりました。これまでの任意開示とは異なり、制度開示の流れができたのです。

IFRS財団は、2021年11月に英国グラスゴーで開催されたCOP26（第26回気候変動枠組み条約締約国会議）の場で、IASBの姉妹組織として、国際サステナビリティ基準審議会（International Sustainability Standards Board：ISSB）を設立することを表明しました。このISSBが、グローバルな会計基準を開発するIASBと同じ位置づけの組織として、グローバルなサステナビリティ開示基準の開発を担うこととなったのです。ISSBの初代議長には、グローバル食品企業ダノン（Danone）の取締役会議長兼CEO社長として同社のサステナビリティ経営をリードしてきた、エマニュエル・ファベール氏が選ばれました。

ISSBは、設立4カ月後の22年3月には前述の5団体による「プロトタイプの例示」やTCFD提言をもとにした公開草案を公表し、23年6月にはグローバルな投資家の情報ニーズに応え、高品質で包括的なサステナビリティ基準のグローバル・ベースラインとして、以下の2つのサステナビリティ基準を公表しました。IFRS財団が公表する基準には番号が付されており、基準番号の前のSはサステナビリティを意味します。IFRSサステナビリティ開示基準の登場です（本書では、IFRSサステナビリティ基準全体を指すときは、IFRS「S基準」と呼びます）。

IFRSS1号「サステナビリティ関連財務情報開示に関する全般的要求事項」
IFRSS2号「気候関連開示」

基準公表時に、ＩＳＳＢのファベール議長が述べた言葉、「サステナビリティを会計言語に取り入れることで、より強靱（レジリエント）な経済を構築します」は印象的でした。これは、会計にサステナビリティの要素を取り入れることで、企業や投資家の意思決定を変え、サステナビリティ課題にしなやかに対応するビジネス、ひいては経済社会を構築しようとするＩＳＳＢの心意気を感じ取れるものです。このことはサステナビリティ開示の肝と言えます。

ＩＦＲＳ「Ｓ基準」は、ＴＣＦＤ、ＩＩＲＣ、ＳＡＳＢ、ＣＤＳＢが開発してきた基準やフレームワークを基礎としており、投資家等の情報ニーズに焦点を当てています。統合思考に関しても、ＩＦＲＳＳ1号の「結論の根拠」で「統合報告フレームワークの概念を基礎とする」と明記しています（BC46項。BCは基準の「結論の根拠」です）。ここまで述べてきた通り、20年の「プロトタイプの例示」に関わった主要5団体のうち、ＣＤＳＢ、ＩＩＲＣ、ＳＡＳＢは22年にＩＦＲＳ財団に統合されています。また、ＧＲＩとＩＦＲＳ財団は22年に覚書（ＭＯＵ）を結び、マルチステークホルダー向けと投資家向けの開示基準の調和を図ることで合意していますし、ＣＤＰも22年にＩＦＲＳ財団との合意を発表し、ＣＤＰの気候変動の質問票にＩＦＲＳＳ2号基準を反映させると表明しています。ＴＣＦＤ

について も、24年からIFRS財団が気候関連情報開示の監督業務を引き継いでおり、IFRS財団を核とする基準づくりの流れができています。

IFRS「S基準」はグローバル・ベースラインとして位置づけられています。IFRS1号の「結論の根拠」によれば、このベースラインを基礎として各国が必要な追加の開示要求をすることで、各国の法令と両立可能になることを意図しています（BC27－28項）。そのため、各国が自国基準に取り入れる際には、必要に応じて固有の要求事項を追加することができます。また、IFRS「S基準」の適用にあたっては、財務諸表作成に用いる会計基準の種類を問わず、IFRS会計基準ではない他の会計基準を用いることもできます（BC5項）。このIFRS「S基準」によって、サステナビリティ開示が、任意開示から各国による法定開示へと進む新たな流れができました。

財務報告としてのサステナビリティ関連財務情報

サステナビリティ報告では、これまでは任意開示として、社会や環境とかかわる幅広い内容が扱われてきました。しかし、第1章でも述べたように、このIFRS「S基準」は、企業の財務的なリスクや機会といった、サステナビリティ関連財務情報開示に焦点を当てています。サステナビリティ関連財務情報とは何でしょうか。

〈a．サステナビリティ「関連財務情報」〉

まず、サステナビリティ関連財務情報の「関連財務情報」は何を意味するのでしょうか。その位置づけを示しているのが、図表2－4です。③の制度開示としての財務諸表と、①の任意に開示されてきたサステナビリティ報告は、従来からありましたが、それらをつなぐものがありませんでした。

しかし、ビジネスの基盤である環境がこれ以上破壊されると経済社会が持続可能でなくなることへの危機感が高まり、パリ協定を機に経済社会構造の転換とサステナビリティ課題への対応に向けて資金を動員する機運も高まりました。これを受けてサステナブルファイナンスも世界的に拡大し、気候変動問題をはじめとするサステナビリティ課題が企業の財務的なリスクや機会に直結するようになりました。このため、サステナビリティ課題が企業の財務にどのようなリスクや機会をもたらすかを示し、財務諸表とサステナビリティ報告とのつながり（コネクティビティ）がわかるような情報が必要となったのです。そこで開発されたのが、③と①を接着剤のようにつなぐものとして、②のサステナビリティ関連財務情報の開示

図表 2-4　サステナビリティ報告、サステナビリティ関連財務開示、財務諸表の関係

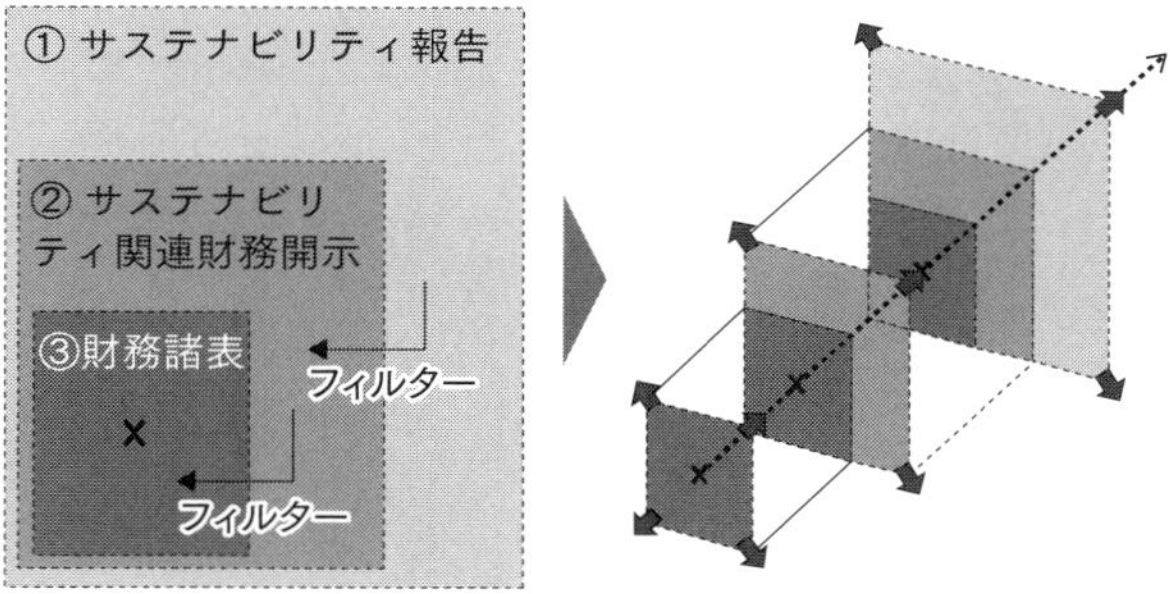

② IFRS「S基準」や日本基準のサステナビリティ関連財務情報
①＋② 欧州ESRSなどのサステナビリティ報告

［出所］ CDP、CDSB、GRI、IIRC、SASB（2020）Reporting on enterprise value : illustrated with a prototype climate-related financial disclosure standard. Figure 1 をもとに筆者作成

を求める基準です。

〈b.「サステナビリティ」関連財務情報〉

次に、サステナビリティ関連財務情報の「サステナビリティ」について考えてみましょう。「非財務」情報という用語が使われていないことに意味を感じます。「非」は「〜でない」という意味ですから、非財務情報と言えば、財務情報以外のすべての情報を指すことになります。しかし、サステナビリティ基準が扱う情報は、財務情報以外のすべてを指すわけではありません。もう一度、図表2−4をご覧ください。財務情報以外のすべてであれば、財務諸表から全方向にベクトルが広がるはずですが、

そうはなっていません。③から②への拡張はあくまで①の方向、つまり資本市場の健全な発展と経済社会のサステナビリティのベクトルに沿っています。これは、パリ協定、G20、金融安定理事会、COP、IPCCやそれらに基づく各国法（日本であれば、改正地球温暖化対策推進法等）などのグローバルな合意のもとにある方向性です。サステナビリティ関連財務情報を開示する上で、企業は、すべてのリスクと機会を網羅的に開示することが重要なのではなく、あくまで投資家の意思決定に影響を与えるサステナビリティ関連のリスクと機会に焦点が当てられています。

〈c. 企業価値評価のためのサステナビリティ関連財務情報〉

もともとIFRSに基づく財務報告は、グローバル資本市場において、投資家等が企業価値を評価するための情報を提供してきました。ビジネスにおいてサステナビリティ課題への対応が不可欠になった今、IFRS「S基準」が定めるサステナビリティ関連のリスクと機会に関する情報は、財務情報とともに、企業価値の評価に直結するものとなりました。図表2−5に示すようにサステナビリティ関連財務情報は財務報告の一部に含められ、財務諸表の補足情報として位置づけられることになったのです。

図表 2-5　財務諸表の補足情報としてのサステナビリティ開示

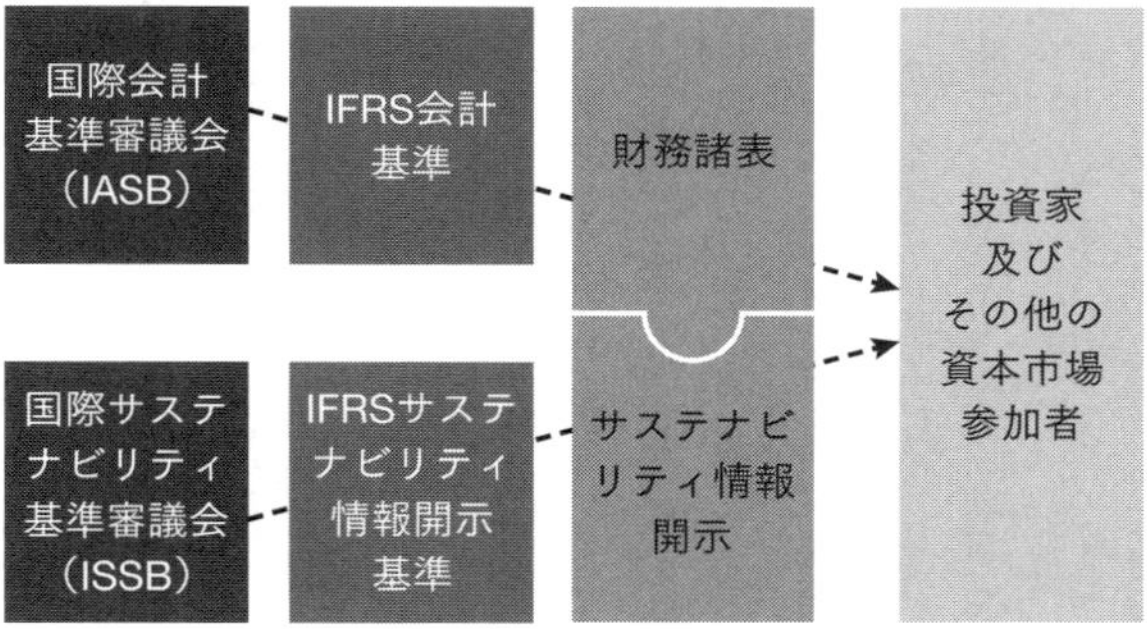

［出所］ FRS Foundation の図をもとに筆者作成

グローバル・スタンダードとしてIOSCOが承認

サステナビリティ開示基準が、財務報告の基準としてグローバルに認められるにあたっては、証券監督者国際機構（International Organization of Securities Commissions：IOSCO）が重要な役割を果たしました。IOSCOとは、世界の証券市場の規制当局（金融庁など）が参加し、国際的な金融安定に重要な役割を果たす組織です。この組織が、IFRS S1号とS2号の支持（エンドースメント）を表明したことで、IFRS「S基準」はグローバル・レベルの資本市場が用いるのに適したものであることが確認されました。これは、基準公表からわずか1カ月後の2023年7月のことでした。

振り返れば、国際会計基準がグローバルに普及し、各国に取り入れられる契機となったのも、IOSCO

による承認でした。企業活動がグローバル化するにつれて、投資資金も国境を越えるようになり、国際資本市場が拡大しましたが、国ごとに会計基準が違うと、投資家が財務諸表を比較できず、投資ができない、あるいは、予想外の損失を被ることが起きてしまいます。つまり財務諸表の比較可能性が確保されていない状況です。そこで、グローバルな観点から、資金の効率的な流れが阻害されないよう、国際的な会計基準を作ろうと各国の会計士協会が連携して国際会計基準委員会（IASC）が設立されたのが1973年のことでした。しかし、それ以前から各国は独自の会計基準を策定していたため、国際会計基準はなかなか普及しませんでした。

IASCによる財務諸表の比較可能性を向上させる取り組みを経て、IOSCOが国際会計基準を正式に認めたのは2000年のことでした。翌年にはIASCがIASBに改組されました。その結果、今では世界140カ国を超える国・地域で国際会計基準の適用が要求または許容されています。もともと日本にも日本独自の会計基準がありましたが、バブル経済崩壊やアジア通貨危機後の我が国の経済・金融の低迷や混乱への対策として、また、国際資本市場から取り残されないようにするためにも、日本版金融ビッグバンと会計改革が進められました。この時、日本の会計基準は一気に国際会計基準に近づき（コンバージェンス)、会計ビッグバンと呼ばれました。

このように、会計基準では、IASCが設立されてから、IOSCOが承認し、国際会計基準が現在のように世界中で広く認知され、使われるようになるまでには、30年近い歳月を要しました。これに対して、サステナビリティ基準では、最初の基準公表後わずか1カ月でIOSCOの承認が決定されており、グローバル市場におけるサステナビリティ基準への期待は大きいと言えます。

3　諸外国の動向

サステナビリティ開示の制度化が差し迫った今、企業が気になるのは、諸外国の動向でしょう。企業活動がグローバル化している中で、海外での制度化の動向も見据えた対応をする必要があります。一方で、日本がグローバル基準をもとに制度化を進めていることは、世界の流れの中ではどのように位置づけられるのでしょうか。ここでは、IFRS「S基準」とも足並みを揃えてきたEUと、財務報告で世界的に強い影響力を有するアメリカなどの動向を見ていきましょう。

EU

EUでは、社会（従業員を含む）や環境に対する意識が高く、諸外国と比べて早くから社会や環境を含む幅広い情報を対象として、サステナビリティ情報の制度開示が行われてきました。しかし、開示情報の質や比較可能性に課題があったことから、企業サステナビリティ報告指令（CSRD）が2022年に発令され、23年から施行されました。これは、制度開示（マネジメント・レポート）を想定したもので、23年7月には、具体的な開示基準として欧州サステナビリティ報告基準（ESRS）の第1弾が採択されました。詳細は第5章で記しますが、このCSRDとESRSは、日本企業にも影響を及ぼします。25年2月に欧州委員会が、適用対象企業の限定など、一部簡素化を提案しましたが、日本企業の欧州子会社や、将来的には、一定の要件を満たす場合にはEU域外企業も適用対象となることから、対応が必要となります。

ESRSは、気候変動のみならず、サステナビリティ事項全般である環境、社会、ガバナンスの幅広いテーマを扱っています。ただし、IFRS基準が対象とするサステナビリティ関連財務情報部分については、ほぼ同時期である23年6月に公表されたIFRS「S基準」と足並みを揃えて作成されてきました。このことによって、両者はおおむね整合性があるものとなっています。これにより、ＩＦＲＳ「S基準」と整合して作成された日本基準ともサステナビリティ関連財務情報部分についてはおおむね整合するものとなっています。

アメリカ

アメリカでは、ＥＵや日本と比べて資本市場を利用した直接金融の割合が高いために、証券市場の資金の効率的配分や投資家保護が重視されています。気候開示についても、投資家の意思決定に有用な情報提供が重視され、財務報告の枠内で扱われてきました。

２０２４年3月には、証券市場の監視等の役割を担っている証券取引委員会（Securities and Exchange Commission：ＳＥＣ）が、気候関連開示を義務化する規則を公表しました。この規則は、ＴＣＦＤ提言の４つ（ガバナンス、戦略、リスク管理、指標と目標）の開示をベースとしています。ＴＣＦＤ提言は、金融安定理事会が設立し、ニューヨーク市長も務めたマイケル・ブルームバーグが初代議長を務め、金融市場の安定化を目的としたものです。このＴＣＦＤ提言は、資本市場で国際的に使われていたことから、ＳＥＣもその開示要求を取り入れました。

そのため、このＳＥＣ規則は、気候関連のリスクに関する開示に焦点が当てられている点では、サステナビリティ全般のリスクと機会を対象としているIFRS「S基準」とは異なりますが、両者はともにTCFD提言をベースにしていることから、要求される開示内容はおおむね似通っています。

開示が求められる内容は、図表2－6にある通りです。これらは、年次報告書（Form10－K）等において新設されるセクションである「気候関連開示」、または、「リスク要因」、「事業の説明」、「MD&A」等の適切なセクション等において開示されます。ただしこの規則は、26年以降に、企業規模に応じて段階的に適用されることになっていましたが、その後、異議を唱える訴訟が複数提起され、司法判断が確定するまで、規則の一時停止が発表されました。

一方、環境対策でアメリカをリードしてきたカリフォルニア州では、連邦政府の動きとは別に同様の開示を求めつつあります。それが、23年10月に成立した、カリフォルニア州の環境保護庁と大気資源局らによる「気候関連企業データ説明責任法」と「温室効果ガス・気候関連財務リスク法」です（図表2－7）。投資家保護に焦点を当てているわけではありませんが、気候変動関連情報の開示を義務付けるものです。

SEC規則では温室効果ガス排出はスコープ1とスコープ2が開示の対象ですが、カリフ

図表 2-6　SEC による気候関連開示規則の開示内容

財務諸表以外	● 取締役会による監督及び重要な気候変動関連リスクの評価と管理における経営陣の役割 ● 気候関連リスクを識別、評価、管理するプロセス、及び企業の総合的リスク管理に統合されているかどうか ● 気候関連リスクが、企業の戦略、ビジネス・モデル、見通しに与える実際及び潜在的な影響 ● 重要な気候関連リスクを緩和又は適応するための活動から生じた重要な支出及び財務上の見積及び仮定に対する重要な影響についての定量的・定性的情報 ● 重要な気候関連リスクを緩和または適応するための活動に係る移行計画、シナリオ分析、内部炭素価格の使用等に関する開示 ● 気候関連の目標及び最終ゴールに関する情報 ● 温室効果ガス（GHG）排出が重要な場合、スコープ1及び／またはスコープ2に関する情報
財務諸表	財務諸表の注記において、異常気象及びその他の自然条件の結果として発生した資本的支出、費用、損失等の開示を要求

［出所］ 金融審議会「サステナビリティ情報の開示と保証のあり方に関するワーキング・グループ」第4回参考資料（2024.10.10）をもとに筆者作成

ォルニア州の「気候関連企業データ説明責任法」では、26年以降は前事業年度分のスコープ1・2、27年以降は、スコープ3も含めた温室効果ガス排出量を報告しなければなりません。その排出量は、GHGプロトコルとそのガイダンスに準拠して測定することが求められます。これらは、IFRSS基準の開示要求と同じです（温室効果ガス排出のスコープ1〜3、GHGプロトコルについて詳しくは、第3章参照）。

「温室効果ガス：気候関連財務

図表2-7　カリフォルニア州気候変動開示法

気候関連企業データ説明責任法	2026年以降は前事業年度分のスコープ1・2、2027年以降はスコープ3も含めた温室効果ガス排出量を報告
温室効果ガス：気候関連財務リスク法	2年に1度、TCFDまたはISSB基準などに基づく各国政府等の基準に従い、気候変動に関連する財務リスクおよびその軽減措置に係る報告書を作成

［出所］　金融審議会「サステナビリティ情報の開示と保証のあり方に関するワーキング・グループ」第4回参考資料（2024.10.10）をもとに筆者作成

リスク法」では、気候変動に関連する財務リスクやその緩和措置に係る報告書を作成する必要があります。この報告は、TCFDやISSB基準などに基づく各国政府等の基準に従って作成されますので、結果的にTCFDやISSB基準と同様の開示がなされると思われます。

これらは、カリフォルニア州で事業を行う、売上高が一定規模以上の米国法に基づき設立された企業が対象であるため、カリフォルニアに現地法人をもつ日本企業も対応する必要があるでしょう。

イギリス・オーストラリア・カナダ

EUとアメリカで法規制化が進んでいるように、他の主要国でもIFRS「S基準」と整合した国内基準の開発が進んでいます。

イギリスでは、2021年10月に会社法が改正され、22年

4月6日以降に開始する事業年度から、従業員500人以上の上場企業及び大規模企業等に対し、TCFD提言に基づく開示義務の適用が開始されました。年次報告書内の戦略報告書で、ガバナンス、戦略、リスク管理、指標と目標の開示が求められます。

オーストラリアでは、24年9月に、オーストラリア会計基準審議会（Australia Accounting Stardards Board：AASB）が、ISSBのIFRS S1号及びIFRS S2号に基づく、「AASB S1サステナビリティ関連財務情報の開示に関する全般的要求事項」（任意適用）及び「AASBS2気候関連開示」（強制適用）を最終確定しました。適用開始時期は、25年1月1日以降開始する事業年度です。一定の要件を満たす企業に対して、段階的に気候関連の開示・保証が要求されます。

カナダでは、カナダ・サステナビリティ基準審議会（Canadian Sustainability Standards Board：CSSB）が24年12月に、同国で最初のカナダ・サステナビリティ情報開示基準（Canadian Sustainability Disclosure Standards：CSDS）を公表しました。「CDSD1重要なサステナビリティ関連財務情報開示に関する全般的要求事項」と「CDSD2 気候関連のリスクと機会に関する重要な情報の開示」の2つです。これらは、オーストラリアと同様、IFRS S1号及びIFRS S2号と整合性が確保されています。ただし現時点では自主的な基準であるとされ、当面、強制適用されるものではないようです。

4　日本の動向――サステナビリティ基準委員会（ＳＳＢＪ）とその役割

日本の動きは早いものでした。日本では、各国に先駆けて、サステナビリティ開示基準を開発する組織を設立しました。２０２１年11月にＩＦＲＳ財団がＩＳＳＢを設立することを表明した後、翌年1月にはＳＳＢＪ設立準備委員会を立ち上げ、同年7月にサステナビリティ基準委員会（Sustainability Standards Board of Japan：ＳＳＢＪ）となったのです。ＳＳＢＪは、自国基準を開発し、国際的なサステナビリティ開示基準の開発に貢献することを目的としています。また、22年5月には、ＳＳＢＪが扱う新テーマに助言を行う、サステナビリティ基準諮問会議も設けられました。

日本では、日本政府から独立し、日本の会計基準を策定・監督する役割を担っている財務会計基準機構（Financial Accounting Standards Foundation：ＦＡＳＦ）の下に、会計基準の策定を担う企業会計基準委員会（Accounting Standards Board of Japan：ＡＳＢＪ）とＳＳＢＪが並んで位置づけられました。これは、ＩＦＲＳ財団のもとにＩＡＳＢとＩＳＳＢ

が置かれているのと同じ体制です。また、22年5月に設置された、ISSBの管轄権ワーキング・グループ（Jurisdictional Working Group）のメンバーには、日本のSSBJが入っており、IFRS「S基準」と日本を含む国・地域基準との整合性を取るための動きも進められています。

そして、「企業内容等の開示に関する内閣府令」の23年1月の改正によって、23年3月期から、有価証券報告書等におけるサステナビリティ情報等の記載事項が追加・拡充されています（図表2－8参照）。この際のSSBJの役割やSSBJ基準の位置づけについては、金融庁が設置する金融審議会の「ディスクロージャーワーキング・グループ」が22年12月に報告書を公表し、サステナビリティ情報の開示基準を法定開示である有価証券報告書に取り込む際には開示基準設定主体やその開示基準を法令の枠組みの中で位置づけること、SSBJが開発する開示基準を個別の告示指定によって我が国の基準として設定することなどを提言しました。

その後、24年3月には、SSBJから日本のサステナビリティ開示基準の公開草案が公表されました。この公開草案に対して、100を超える多くのコメントがありました。これはこの基準に対する関心の高さを表すものです。一つ一つのコメントを踏まえた検討と再提案

図表 2-8　有価証券報告書等におけるサステナビリティ情報等の記載事項の追加・拡充（2023 年 3 月期～）

①「従業員の状況」欄（拡充）
- 多様性に関する開示：女性管理職比率、男性の育児休業取得率、男女間賃金格差など

②「サステナビリティに関する考え方及び取組」欄（新設）
- サステナビリティ全般に関する開示：ガバナンス、リスク管理、戦略※、指標及び目標※
  （※重要性に応じて）　将来情報について、一般的に合理的と考えられる範囲で具体的な説明が記載されている場合には、実際に生じた結果が異なる場合であっても、直ちに虚偽記載等の責任を負うものではない
- 人的資本・多様性に関する開示：戦略、指標及び目標

③「コーポレート・ガバナンスに関する状況等」欄（拡充）
- コーポレート・ガバナンスの概要：取締役会等についての活動状況（開催頻度、具体的検討内容、個々の監査役の出席状況、常勤監査役の活動等）
- 監査の状況：内部監査について、実効性確保のための取組（デュアルレポーティングライン含む）
- 株式の保有状況：政策保有株式の発行会社との業務提携等についての内容を記載

［出所］　企業内容等の開示に関する内閣府令等の一部を改正する内閣府令（2023 年 1 月）をもとに筆者作成

を経て、25年3月には、サステナビリティ開示基準の確定版が公表されました。

この日本基準は、高品質で国際的な比較可能性を確保する上で、IFRS「S基準」との整合性が図られています。また、わかりやすさを重視して、IFRS S1号を2つに分割しており、現時点で3つの日本基準があります（詳細は第3章参照）。

サステナビリティ開示ユニバーサル基準「サステナビリ

ティ開示基準の適用」
サステナビリティ開示テーマ別基準第1号「一般開示基準」
サステナビリティ開示テーマ別基準第2号「気候関連開示基準」

この基準はいつから適用されるのでしょうか。早期適用を望む企業は、確定基準公表日以降終了する年次報告期間から（三月決算の企業は25年3月期から）任意適用が可能です。一方強制適用に関しては、企業規模に応じて順次、有価証券報告書での法定開示が始まります。その時期について、金融審議会の「サステナビリティ情報の開示と保証のあり方に関するワーキング・グループ」では、プライム市場上場企業のうち時価総額3兆円以上の企業が27年3月期から適用義務化（ただし2段階開示可）、28年3月期から財務諸表等との同時開示かつ保証も義務化し、時価総額1兆円以上の企業は1年後ろ倒し、時価総額5000億円以上の企業はそのさらに1年後ろ倒しという素案が提示され、引き続き検討されています(図表2－9参照)。

それではSSBJが策定した日本基準とはどのような内容なのでしょうか。いよいよ次章では、SSBJ基準の内容を見ていくことにしましょう。

図表 2-9　サステナビリティ開示基準の適用対象と適用時期のイメージ

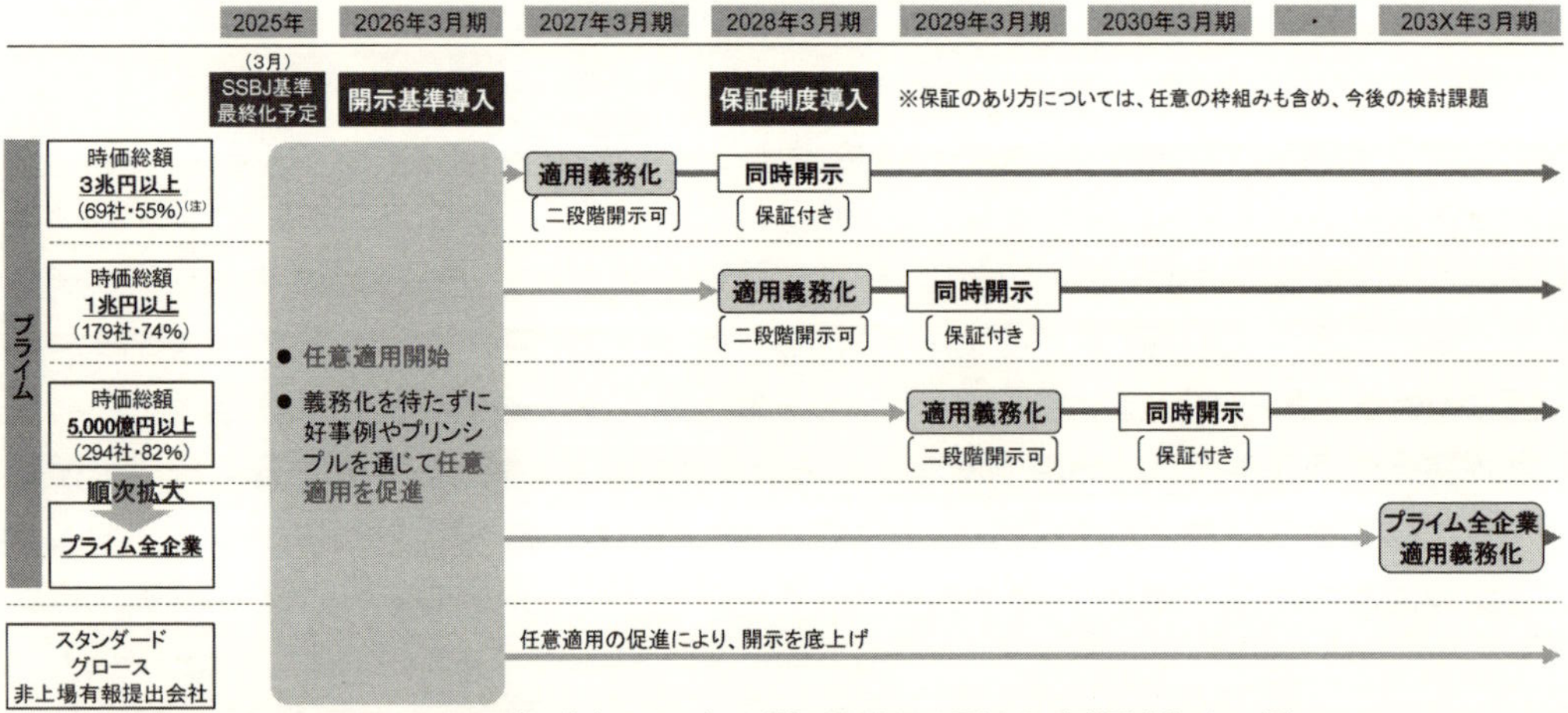

※ このほか、本邦で有報提出義務を負う企業が海外制度に基づくサステナビリティ情報の開示を行った場合には、臨時報告書等によって報告

（注）時価総額に応じた適用社数とカバレッジ（Bloomberg及びJPX公表統計の2024年3月29日時点の情報から作成）

［出所］　金融庁（2025）「サステナビリティ開示及び保証に係る動向」（ASBJ/SSBJ オープン・セミナー2025 資料）より抜粋

第3章 我々は何をすべきか

1 「投資家等が投資意思決定に役立てるため」が前提

投資家等の意思決定に焦点

前章では、日本基準（日本のサステナビリティ開示基準）の「こころ」を知るために、そのもととなったIFRS「S基準」の誕生の経緯をみてきました。IFRS「S基準」は、既存のガイドライン等に基づいて開発され、グローバル・ベースラインとして位置づけられています。この基準に、各国が必要に応じて追加の開示要求を行うことで、各国の制度と両立可能となることが意図されています（ビルディング・ブロック・アプローチ）。

日本基準は、このIFRS「S基準」をもとに開発されました。これにより、投資家等がグローバルな資本市場で投資意思決定を行う際に役立つ基準となっています。このような日本基準は、日本企業のサステナビリティ開示の質の向上とグローバル資本市場における信頼性の確保に寄与するとともに、国際的な競争力の強化に重要な役割を果たすといえます。

サステナビリティ情報に対するニーズの中でも、IFRS「S基準」や日本基準が主として対応しているのは、リスク調整後のリターン向上を目指すサステナブルファイナンスです

（第1章第3節参照）。これは、いわゆるシングルマテリアリティの情報ニーズであり、財務報告書の主要な利用者が、企業への資源の提供に関連する意思決定を行うにあたり有用なサステナビリティ関連財務情報に焦点を当てています。なお、財務報告書の主要な利用者とは、現在および潜在的な投資者、融資者、その他の債権者をいい、以下では投資家等とします（適用基準4項、BC106項。BCは基準の「結論の背景」です）。

日本基準は、主として金融商品取引法に基づいて提出される有価証券報告書での開示を想定しており、GRIスタンダードやESRSのように幅広い人々の情報ニーズを満たすことを意図していません。サステナビリティ関連財務開示は、財務諸表とともに財務報告の一部として開示され、投資家等が企業価値を正しく評価する上で役立つものです。

IFRS「S基準」や日本基準が投資家等の意思決定（シングルマテリアリティ）に焦点を当てたことは、サステナビリティ開示そのものを、従来の枠を超えた新たなステージへと引き上げる重要な転機となりました。第1章や第2章でみてきたような過去数十年にわたる環境報告やサステナビリティ開示の実践は、リーディング企業のさまざまな創意工夫を促し、開示の発展を支えてきました。また、こうした開示の質を高めるために、さまざまな機関が開示のガイドラインを公表してきました。一方で、多くのガイドラインが存在することで、一貫性や比較可能性に欠けるという課題も生じました。それぞれのガイドラインの相違は、目指すべき社会のあり方や重視すべき価値観の違いに根ざしており、価値観の相違を乗り越えることが難しいという課題も抱えていました。

そのような状況の中、サステナブルファイナンスの拡大に伴い、投資意思決定のための情報ニーズが高まったことで、財務報告の枠内で開示すべきサステナビリティ関連財務情報に焦点を当てた基準の開発が進められました。これは従来にはない新たな方向性であり、二つの大きな変化をもたらしました。

第一に、サステナビリティ開示基準の開発において、会計（財務報告）基準と同様のアプローチを採用できたことです。投資意思決定に有用な情報を提供するという明確な目的のもと、従来のさまざまなガイドラインが抱えていた価値観の相違を乗り越え、新たな基準設定の段階へと進むことが可能となりました。

第二に、これまで「非」財務情報と見なされていたサステナビリティ開示が、財務報告の枠内に統合されたことです。これにより、グローバル・スタンダードであるＩＦＲＳ国際財務報告基準（国際会計基準）の基盤を活用することで、ＩＦＲＳ「Ｓ基準」が実質的なグローバル・ベースラインとしての役割を果たすことができるようになったのです。

ＩＦＲＳ「Ｓ基準」と整合性のある日本基準

日本基準の開発に当たっては、基準を適用した結果として開示される情報が国際的な比較可能性を大きく損なわせないものとなるよう、ＩＦＲＳ「Ｓ基準」との整合性を図ることを基礎として開発されました。これは具体的にどういうことかといいますと、日本基準は、ＩＦＲＳ「Ｓ基準」の要求事項を原則としてすべて取り入れており、用語や定義も原則として同一の意味で取り入れているということです（適用基準ＢＣ16項、ＢＣ29項）。

なお、相応の理由が認められる場合には、日本基準独自の取扱いを追加し、企業が、ＩＦＲＳ「Ｓ基準」と同じ要求事項に代えて、その独自の取扱いを選択することを認めています（適用基準ＢＣ16項）。例えば、日本基準では、温室効果ガス（ＧＨＧ）排出のスコープ2について、ＩＦＲＳ「Ｓ基準」で要求される契約証書に関する情報の開示に代えて、マーケット基準による排出量を開示することができます（詳細は、第3節　4つのコア・コンテンツの「温室効果ガス排出」参照）。企業がこれらの独自の取扱いを選択しない場合、日本基準を適用して開示される情報と、ＩＦＲＳ「Ｓ基準」を適用して開示される情報は、実質的に同じとなることが意図されています。これは、日本基準とＩＦＲＳ「Ｓ基準」の両方に準拠したい企業が、両基準を別々に適用することなく、日本基準を適用するだけでＩＦＲＳ

「S基準」にも準拠できるよう配慮されたものです。

また、IFRS「S基準」にはないものの、必要と認められる場合には、日本基準に追加の定めが設けられています（適用基準BC16項）。この追加の定めは、比較可能性や理解可能性の向上を図り、適用上の困難に配慮したものであり、IFRS「S基準」に準拠した開示を作成する過程で入手する情報に基づいて開示できるものとされています。こうした基準開発の方針は、IFRS「S基準」のビルディング・ブロック・アプローチの考え方にも沿うものです。

これらの独自の取扱いは、基準を適用した結果として開示される情報が国際的な比較可能性を大きく損なわせない範囲に限定され、必要以上に拡大しないよう配慮されつつ、日本の状況やニーズを反映するよう設計されています。日本基準における独自の取扱いや追加の定めの主な内容については、本章の各開示事項において説明するとともに、後述の図表3－25と図表3－26にまとめています。

日本基準の構成

それでは、2025年3月に公表された日本基準の構成についてみていきましょう。日本基準は、IFRS「S基準」の単なる翻訳ではありません。国際的な比較可能性に配慮しつつ、よりわかりやすい基準とするために、IFRS「S基準」の構成を見直したり、日本語として理解しやすい表現にしたりする工夫がなされています。なお、日本語として理解しやすく表現した箇所については、適用基準BC30項、一般基準BC22項、気候基準BC34項に一覧が示されています。

現時点のIFRS「S基準」は、S1号とS2号の2つの基準で構成されていますが、日本基準は3つの基準となっています。これは、わかりやすさを重視し、IFRS S1号の内容を2つに分割したためです。IFRS S1号は、サステナビリティ開示基準を適用してサステナビリティ関連財務開示を作成する際の基本的な事項を定めた部分と、特定のテーマ基準が扱わないサステナビリティ全般に関する開示事項を定めた部分で構成されています。そこで、日本基準では、この2つを分け、それぞれ適用基準と一般基準としました。IFRS S2号は、気候に関する開示事項を定めており、日本基準でもそのまま気候基準としています。

こうして公表されたのが、次の3つの日本基準です。適用基準は、サステナビリティ開示のすべてに共通する内容を定めており、ユニバーサル基準として位置づけられています。一

図表 3-1　IFRS「S 基準」と日本基準の関係

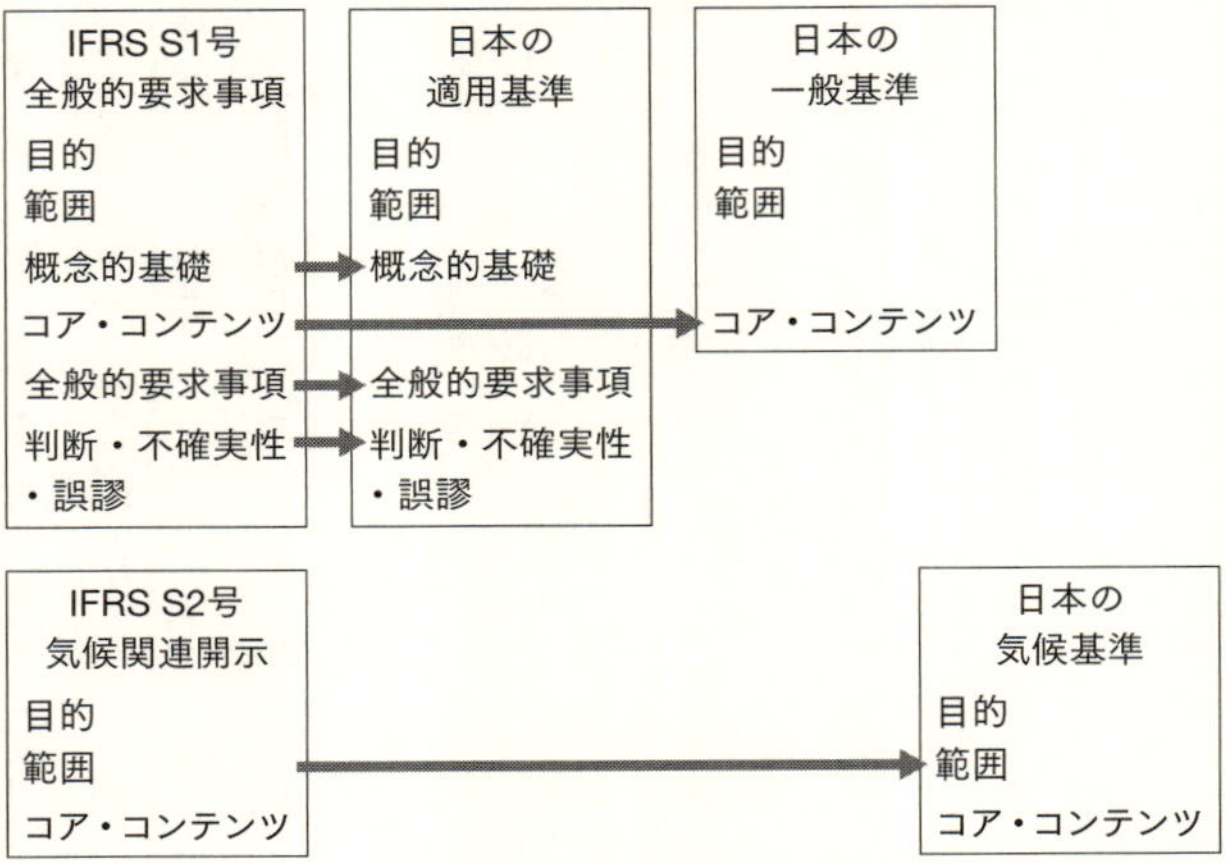

［出所］　適用基準 BC14 項をもとに筆者作成

般基準は、特定のテーマ基準では扱われない一般的なサステナビリティテーマを扱います。気候基準は、気候に関するテーマを扱います。本書では、これら3つの基準を総称して日本基準と呼びます。図表3－1には、IFRS「S基準」の構成（目次）と日本基準の対応関係を示しています。

サステナビリティ開示ユニバーサル基準「サステナビリティ開示基準の適用」（適用基準）

サステナビリティ開示テーマ別基準第1号「一般開示基準」（一般基準）

サステナビリティ開示テーマ別基準第2号「気候関連開示基準」（気候基準）

このように、日本基準では、適用基準、一般基準、気候基準の3つに分かれていることで、基準全体の構造がより理解しやすくなっています。IFRS「S基準」（IFRS S1号およびS2号）全体と、日本基準（適用基準、一般基準、気候基準）全体の要求事項は実質的に同じであるため、それらを適用して開示される情報も実質的に同じとなることが想定されています。

なお、日本基準に準拠していることを表明するためには、3つの基準を同時に適用し、すべての定めを満たす必要があります（ただし、経過措置が設けられています）。

2　サステナビリティ関連の「リスク」と「機会」

本節では、サステナビリティ関連財務開示の対象となるリスクと機会をどのように識別するかについてみていきます。ここでの説明には概念的な内容も含まれるため、まず具体的なサステナビリティ開示の内容を知りたい方は、先に第3節を読み、その後で理解を深めるために本節に戻っていただいてもかまいません。

サステナビリティ開示基準では、「企業の見通しに影響を与えると合理的に見込みうるサステナビリティ関連のリスクと機会」を、開示すべきものと位置づけています。これらは企業価値の評価に関連します。企業価値は、理論的には、企業が生み出す将来キャッシュ・フローの総額を資本コストで割り引いた現在価値のことです（第2章第1節参照）。リスクとは、企業の将来キャッシュ・フローの減少や資本コストの増加をもたらす可能性のあるものであり、機会とは、企業の将来キャッシュ・フローの増加や資本コストの減少をもたらす可能性のあるものです。つまり、リスクは企業価値にネガティブな影響を与え、機会は企業価値にポジティブな影響を与えます。企業がこれらのリスクと機会を適切に識別し、開示することで、投資家等は企業の本来の価値を評価できるようになります。その結果、情報格差が解消され、企業価値の向上につながる可能性もあります。

そのため、サステナビリティ関連財務開示では、「企業の見通しに影響を与えると合理的に見込みうるサステナビリティ関連のリスクと機会」に関する情報を開示しなければならないのです。一方で、企業の見通しに影響を与えると合理的に見込みえないサステナビリティ関連のリスクと機会に関する情報は、開示する必要はありません（適用基準34項）。では、開示すべき情報は、どのように識別すればよいのでしょうか。その流れを示しているのが図表

3－2です（適用基準35－61項）。

(1)　サステナビリティ関連のリスクと機会の識別

まず、企業の見通しに影響を与えると合理的に見込みうるサステナビリティ関連のリスクと機会を識別する必要があります。これは、短期、中期または長期にわたり、企業のキャッシュ・フロー、その企業のファイナンスへのアクセスまたは資本コストに影響を与えると合理的に見込みうる、すべてのサステナビリティ関連のリスクと機会をあわせたものです（適用基準4項、35項）。

企業の見通しに影響を与えると合理的に見込みうるサステナビリティ関連のリスクと機会とは、具体的にどのようなものでしょうか。適用基準では、これらの具体例を示していません。なぜなら、リスクと機会の識別は、各企業が置かれた状況に応じて判断するべきものであり、先入観を与えることを避けるためです。しかし、企業がリスクと機会を識別し開示するために広範な情報源を参照しなければならないとなると、負担が大きくなります。そこで、基準ではサステナビリティ関連のリスクと機会を識別する際に利用する情報源を示しています。これが、図表3－2中に示す「ガイダンスの情報源」です。

図表 3-2　サステナビリティ関連のリスクと機会の識別から開示に至る流れ

(1) サステナビリティ関連のリスクと機会の識別

企業の見通しに影響を与えると合理的に見込みうるサステナビリティ関連のリスクと機会を識別

〈何に基づいてリスクと機会を識別するか（ガイダンスの情報源）〉

①適用しなければならない	日本基準（SSBJ基準）
②参照し、適用可能性を考慮しなければならない	SASBスタンダードの開示トピック
③参照し、適用可能性を考慮することができる	IFRS「S基準」、付属ガイダンス CDSBフレームワーク適用ガイダンス 他の基準設定団体の直近の公表文書 同じ産業・地域の企業実務

〈合理的で裏付け可能な情報の利用〉

↓

(2) バリュー・チェーンの範囲の決定

〈リスクと機会に関連するバリュー・チェーンの範囲を決定〉

〈合理的で裏付け可能な情報の利用〉

↓

(3) 重要性がある情報の識別

〈何に基づいて重要性がある情報を識別するか（ガイダンスの情報源）〉

①日本基準に具体的な定めがある場合	日本基準（SSBJ基準）

②具体的な定めがない場合、意思決定との「関連性」があるか、リスクと機会を「忠実に表現」するかで判断

↓（判断にあたり）

参照し、適用可能性を考慮しなければならない	SASBスタンダードの開示トピックに関連する指標
参照し、適用可能性を考慮することができる	IFRS「S基準」、付属ガイダンス CDSBフレームワーク適用ガイダンス 他の基準設定団体の直近の公表文書 同じ産業・地域の企業実務 （有用かつ日本基準と矛盾しない範囲で） GRIスタンダード、ESRS

〈重要性の判断と再評価〉

↓

開示へ

［出所］　適用基準 35-61 項をもとに筆者作成

〈ガイダンスの情報源〉

ガイダンスの情報源は、適用や参照の優先度に応じて、図表3−2(1)の①〜③に分類されています。このような優先度を設定することで、企業の負担を軽減しつつ、適切な開示を導いていています。

①適用しなければならない情報源

企業が「適用しなければならない情報源」は、日本基準です（適用基準40項）。この基準に従って、企業の見通しに影響を与えると合理的に見込みうるサステナビリティ関連のリスクと機会を識別します。サステナビリティ関連の課題は幅広いため、企業はリスクと機会を識別するにあたり、①に加えて、②や③の情報源を参照します。

②参照し、適用可能性を考慮しなければならない情報源

企業が「参照し、適用可能性を考慮しなければならない情報源」は、「ＳＡＳＢスタンダード」（2023年12月最終改訂）の開示トピックです。考慮した結果、適用すると結論付ける場合と、適用しないと結論づける場合とがあります（適用基準41項）。ＳＡＳＢは２０１１年に設立され、現在はＩＳＳＢに合流しています（詳細は第2章第1節参照）。このＳＡＳＢスタンダードは、産業別の具体的な開示トピックや指標を提供しています。

産業別の情報がサステナビリティ開示基準で重視される背景には、サステナビリティ課題の影響が産業ごとに大きく異なるという点があります。会計基準は特定の取引や経済事象を対象としていますが、サステナビリティ開示基準はテーマを対象としています。テーマは、会計基準が対象とする特定の取引や経済事象よりも範囲が広いため、企業は事業活動全般にわたってそのテーマに関連するリスクと機会を識別することが求められます。これは、企業にとって相応の負担を伴うものです。

SASBスタンダードは、企業が属する産業に共通するビジネス・モデルや活動に関連する、投資家ニーズの高いトピックや指標を示しています。そのため、企業がこれを活用することで、投資意思決定との「関連性」を確保し、比較可能な情報の開示に役立てることができます。なお、SASBスタンダードが改訂された場合は、改訂後のSASBスタンダードを参照し、その適用可能性を考慮することができます（適用基準42項）。

③参照し、適用可能性を考慮することができる情報源

企業が任意に「参照し、適用可能性を考慮することができる」情報源として、次のものがあります（適用基準43項）。これらの情報源の参照や適用は、義務ではなく、企業は自社のビジネス環境に応じて、利用するかどうかを判断します。

- ISSBが公表するIFRS「S基準」とそのガイダンス
- IFRS財団が公表する「水関連開示のためのCDSBフレームワーク適用ガイダンス」と「生物多様性関連開示のためのCDSBフレームワーク適用ガイダンス」（CDSBフレームワーク適用ガイダンス）
- 他の基準設定団体（ISSBを含む）による直近の公表文書
- 同じ産業・地域の企業実務

このようにさまざまなスタンダードやフレームワークがガイダンスの情報源としてサステナビリティ開示基準の中に取り入れられているのは、もともとIFRS「S基準」がグローバルな投資家ニーズを反映した既存のフレームワークをもとに開発されてきたことによるものです。これらを活用することで、投資家の意思決定に有用な情報の提供につながります。

現時点では、②や③の情報源は正式な基準ではなく、開示が義務づけられているわけではありません。しかし、将来的にはIFRS「S基準」に組み込まれる可能性があり、その場合にはSSBJにおいても対応が検討されることになります。

〈合理的で裏付け可能な情報の利用〉

企業がこれらのリスクと機会を識別するにあたっては、合理的で裏付け可能な情報を利用することが求められます。合理的で裏付け可能な情報とは、報告期間の末日において企業が過大なコストや労力をかけずに利用可能な、すべての合理的で裏付け可能な情報をいいます。これは、外部環境の一般的な状況のみならず、企業に固有の要因も対象とし、過去の事象、現在の状況、将来の状況の予想に関する情報が含まれます。ただし、情報の網羅的な探索は必要ありません（適用基準4項、32－33項、38－39項）。これは、企業の負担を軽減しつつ、必要な情報開示を行うための定めです（第4節　開示作成のポイントの「企業の能力や準備状況への配慮——合理的で裏付け可能な情報」参照）。

(2)　バリュー・チェーンの範囲の決定

〈リスクと機会に関連するバリュー・チェーンの範囲の決定〉

識別したサステナビリティ関連のリスクと機会のそれぞれに関連して、バリュー・チェーンの範囲を決定しなければなりません。これは、サステナビリティ関連のリスクと機会が、企業と、そのバリュー・チェーンを通じての利害関係者、社会、経済、自然環境との直接的・間接的な相互作用から生じると考えられるためです（適用基準46項、BC70項）。

バリュー・チェーンとは、企業が価値を創造するプロセス全体を指し、企業のビジネス・モデルおよび企業が事業を営む外部環境に関連する相互作用、資源および関係のすべてをいいます。バリュー・チェーンには、製品・サービスの構想から提供、消費さらには終了に至るまでに企業が利用し依存する、次のような相互作用、資源および関係が含まれると考えられます（適用基準4項、BC92項）。

- 事業における相互作用、資源および関係（人的資源など）
- 供給チャネル、マーケティング・チャネル、流通チャネルにおける相互作用、資源および関係（調達、販売、配送など）
- 事業を営む財務的環境、地理的環境、地政学的環境、規制環境

例えば、企業のビジネス・モデルが水などの天然資源に依存している場合、もし水資源が劣化または枯渇すれば、事業運営に混乱が生じ、ビジネス・モデルや戦略、さらには財務業績（経営成績）や財政状態に悪影響を与える可能性があります。一方で、水資源を再生または維持できれば、企業に有利な機会をもたらす可能性があります（適用基準BC71項）。

このように、企業が依存し、影響を与える資源および関係には、企業の労働力、ノウハ

ウ、組織プロセスなどの内部的なもの、および、企業がアクセスする必要がある材料やサービス、サプライヤー、流通業者、顧客との関係などの外部的なものも含まれます（適用基準BC72項）。また、企業のバリュー・チェーンに含まれる取引先などが、サステナビリティ関連のリスクや機会に直面した場合、企業自身もその影響を受ける可能性があります（適用基準BC73項）。

そのため、識別したサステナビリティ関連のリスクと機会のそれぞれに関連してバリュー・チェーンの範囲（その幅広さと構成を含む）を決定し、その後、識別したリスクと機会に関する重要性がある情報の識別に進みます（適用基準BC69項）。

なお、バリュー・チェーン内で重大な事象または状況の重大な変化が発生した場合、例えば、合併・買収が生じた場合などには、バリュー・チェーンを通じて、影響を受けるすべてのサステナビリティ関連のリスクと機会の範囲を再評価することが求められます（適用基準44項、BC88－89項）。

〈合理的で裏付け可能な情報の利用〉

バリュー・チェーンの範囲を決定するにあたっても、企業は、リスクと機会を識別する際と同様に、合理的で裏付け可能な情報を用いることが求められます（適用基準47項）。

(3)　重要性がある情報の識別

識別したサステナビリティ関連のリスクと機会に関して、重要性がある情報を識別します。サステナビリティ開示基準においては、識別されたすべてのリスクと機会に関する情報を開示するのではなく、重要性がある情報を開示することが求められています。情報に重要性がない場合は、たとえ、サステナビリティ開示基準で具体的に開示が求められる項目であったとしても、あるいは最低限開示すべき事項として定められていたとしても、開示する必要はありません（適用基準22項、48項）。重要性については、「解説　重要性は難しい？――質的特性と概念フレームワークから重要性を理解しよう」をご覧ください。

〈ガイダンスの情報源〉

重要性がある情報を識別するためには、図表3－2(3)の①、②の順にガイダンスの情報源を用いますが、リスクと機会を識別する際の図表3－2(1)の流れとは少し異なるため、ご注意ください。

①日本基準に具体的な定めがある場合

日本基準に具体的な定めがある場合は、その定めを適用しなければなりません（適用基準50項）。例えば、気候基準では、温室効果ガス排出などの具体的な指標が示されています（第3節　4つのコア・コンテンツの「指標と目標」を参照）。一方、気候以外のテーマについては、一般基準には具体的な指標が示されていないため、企業は、識別したリスクと機会から重要性がある情報を識別するために、②の判断を行います。

②意思決定との「関連性」があるか、リスクと機会を「忠実に表現」するか

①の日本基準に具体的な定めがない場合は、その情報が、投資家等の意思決定に「関連性」があるか、リスクと機会を「忠実に表現」するかで判断します（適用基準51項）。この判断を行うにあたり、「参照し、適用可能性を考慮しなければならない」のが、SASBスタンダードの開示トピックに関連する指標です（適用基準52項）。また、企業が任意に「参照し、適用可能性を考慮することができる」情報源は、リスクと機会を識別する際の図表3－2(1)のガイダンスの情報源③と同じものです。さらに、有用であり、日本基準と矛盾しない範囲で、GRIスタンダードやESRSも参照し、適用可能性を考慮することができます（適用基準54－55項）。

〈重要性の判断と再評価〉

重要性の判断は、投資家等の特性や企業自身の状況を考慮して評価する必要があります。この判断は、サステナビリティ関連財務開示の文脈において行われます。「サステナビリティ関連財務開示の文脈において」とは、財務諸表とサステナビリティ関連財務開示は、ともに財務報告の一部ではあるものの、それぞれの固有の目的を果たし、異なる種類の情報を提供するため、重要性の判断は必然的に異なるものとなります（適用基準56－57項、BC108項）。

サステナビリティ関連財務開示は、企業の見通しに影響を与えると合理的に見込みうるサステナビリティ関連のリスクと機会に関する情報を提供するものです。そのため、財務諸表のように資産・負債の定義や認識規準の制約を受けません。また、財務諸表作成時に考慮する期間よりも長い期間にわたる財務的影響や、バリュー・チェーンを通じた相互作用の財務的影響を考慮しなければならないことが多く、その上、測定基礎も異なります（適用基準BC109項）。

そうした違いを踏まえ、サステナビリティ関連財務開示の文脈において重要性があるかどうかを判断する際には、定量的要因だけでなく、リスクと機会の影響の規模や性質などの定性的要因も考慮することが求められます。結果が不確実な、将来起こりうる事象の情報に重要性があるかどうかを判断するにあたっては、短期、中期、長期にわたり、企業の将来キャッシュ・フローの金額、時期、不確実性に与える潜在的な影響、その影響の範囲と発生可能性を考慮しなければなりません（適用基準57－58項）。

また、重要性の判断は一度行えば終わりではなく、状況や仮定の変化を考慮し、各報告期間の末日において重要性の判断を再評価しなければなりません。個別の状況や外部環境の変化により、過去に開示されていた情報がもはや重要でなくなる場合や、過去に開示されていなかった情報が新たに重要な情報となる場合があります（適用基準59項）。

解説 重要性は難しい？
――質的特性と概念フレームワークから重要性を理解しよう

重要性の判断は悩ましいところです。重要性を理解するためには、「質的特性」を知ることが役立ちます。質的特性は、ＩＦＲＳ財団の国際会計基準審議会（ＩＡＳＢ）が２０１８年に公表した「財務報告に関する概念フレームワーク」に由来しています。こ

図表 3-3　有用なサステナビリティ関連財務情報の質的特性

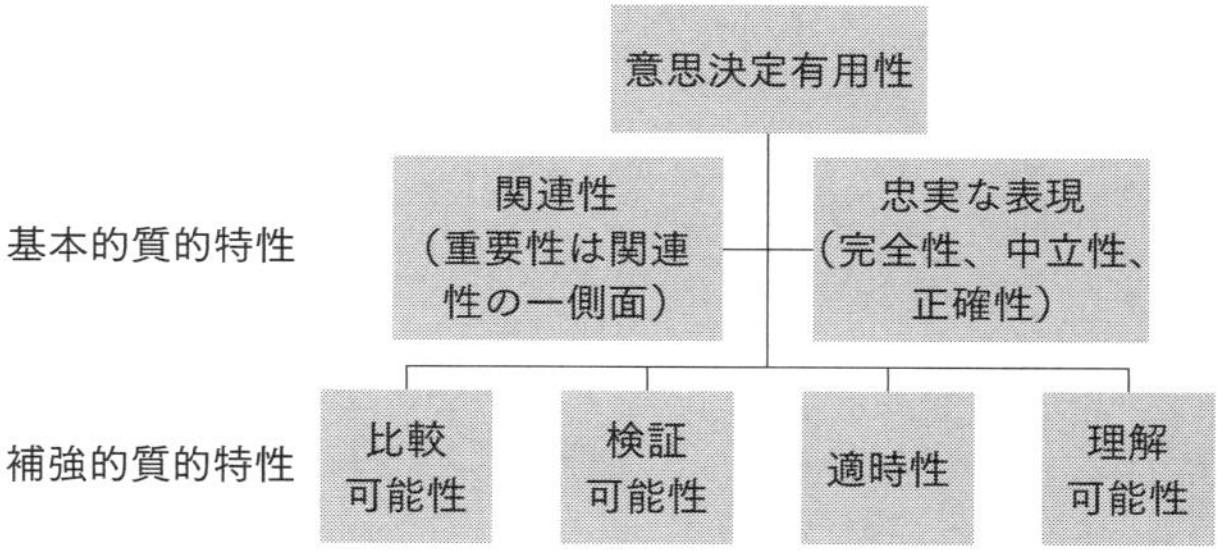

［出所］ 適用基準別紙 A をもとに筆者作成

の概念フレームワークは会計基準ではありませんが、新しい会計基準（財務報告基準）を開発する際に、既存の基準と矛盾しないよう基礎的な概念を示すものとして位置づけられています。この概念フレームワークに含まれる質的特性が、必要な調整を加えた上で、サステナビリティ開示基準に取り入れられています。

　サステナビリティ関連財務開示では、企業の見通しに影響を与えると合理的に見込みうるサステナビリティ関連のリスクと機会を適正に表示することが求められています。適正に表示するためには、有用なサステナビリティ関連財務情報の質的特性を備えていなければなりません（適用基準BC49－50項）。この質的特性は、基本的質的特性と補強的質的特性からなり、図表3－3のように示すことができます。

〈基本的質的特性と補強的質的特性〉

情報が投資家等にとって有用であるためには、2つの基本的質的特性を備えている必要があります。1つ目は、「関連性（relevance）」です（以前は「目的適合性」と訳されていました）。これは、その情報があることで投資家等の「意思決定に相違を生じさせることができる」かどうかに着目する特性です。ここで、「意思決定に相違を生じさせることができる」とは、実際に意思決定に相違を生じさせるという意味ではありません（IFRS財務報告に関する概念フレームワーク2.6－2.9項）。「意思決定に相違を生じさせることができる」のは、情報が、将来の結果を予測するために使用できる場合や、過去の評価に対するフィードバックを提供する場合とされています。もう1つの基本的質的特性は、「忠実な表現（faithful representation）」です。これは、表現しようとしている現象の実質を忠実に表現することであり、完全で、中立的で、正確な描写を指します。

これらの基本的質的特性を補完するものとして、「比較可能性」、「検証可能性」、「適時性」、「理解可能性」といった補強的質的特性があります。例えば、比較可能性とは、異なる企業間や時系列で情報の比較が可能となることです。検証可能性とは、情報が裏付け可能であることです。適時性とは、情報を遅滞なく利用可能にすることです。理解可能性とは、情報が、事業や経済活動について合理的な知識を有し、勤勉に情報を検討し分析する利用者にとって理解できる形で提供されることを意味し、明瞭かつ簡潔であることが求められます。

サステナビリティ開示基準に、「財務報告の概念フレームワーク」にある質的特性が取り入れられたことで、サステナビリティ関連財務開示と財務諸表の両方が、同じ財務報告の枠組みのもとで、情報の質を確保しながら、投資家等に有用な情報を提供できるようになります。ただし、財務諸表とサステナビリティ関連財務開示は、それぞれ固有の目的を持ち、異なる情報を提供するため、重要性の判断が異なることは本文で述べた通りです。質的特性の詳しい説明については、適用基準の別紙A「有用なサステナビリティ関連財務情報の質的特性」をご参照ください。

〈重要性の位置づけと判断〉

重要性は、基本的質的特性のうちの「関連性」の一側面であり、個別企業レベルに適用される概念です。「重要性がある」とは、その情報を省略したり、誤表示したり、不明瞭にしたりした場合に、投資家等の意思決定に影響を与えると合理的に見込みうることをいいます（適用基準4項）。なお、情報を不明瞭にするとは、重要な情報を曖昧または不明確な語句で開示する、情報を分散して提供する、不適切に集約または分解されている、重要な情報が重要でない情報に埋もれてどの情報が重要であるかが判断できないような場合であり、このような開示は避けなければなりません。

「重要性がある」の定義に「不明瞭」にすることが含まれているのは、情報を不明瞭にすることが、情報の省略または誤表示と同じような影響を投資家等の意思決定に及ぼす可能性があるためです。特に、重要性がない情報を含めることが有用ではない場合がある点に、焦点が当てられています（IAS1号BC13K、L項）。

前記の「重要性がある」の説明における、「影響を与えると合理的に見込みうる」という表現は、「影響を与える可能性がある」とは異なるため、注意が必要です。「影響を与える可能性がある」という表現では、たとえその可能性が非常に低かったとしても、一部の利用者の意思決定に影響を与える可能性がある限り、多くの情報を開示しなければならない、と解釈されるおそれがあります。このように、「重要性がある」の閾値《いきち》が低すぎると、適用が広くなりすぎることが懸念されたため、財務報告の概念フレームワークの改訂時に、「意思決定に影響を与えると合理的に見込みうる」という表現に置き換えられたのです。

重要性の評価にあたっては、情報利用者が経済的意思決定を行う際に、どのように影響を受けると合理的に見込みうるのかを考慮する必要があります（ＩＡＳ１号BC13D、H項）。ただし、重要性をどのように判断するかは、投資家等の特性や企業自身の状況によって異なるため、サステナビリティ開示基準では、重要性の判断の具体的な閾値を示していません。

この重要性の判断は、サステナビリティ開示基準全体を通じて行使されます。繰り返しになりますが、情報に重要性がない場合は、開示する必要はありません。たとえ、サステナビリティ開示基準で具体的に開示が要求される項目であったり、最低限開示すべき事項を定めていたりする場合であっても、情報に重要性がないときは開示する必要はありません（適用基準22項）。開示は、重要性がある情報のみを含む場合に簡潔であり、理解可能性の向上に役立ちます。重要性がない情報が含まれる場合、重要性がある情報を不明瞭にすることを避ける方法で提供しなければなりません（適用基準A31項）。

〈原則主義との関係〉

図表3－2(3)の重要性がある情報を識別する際の判断において、なぜ「関連性」や「忠実な表現」が出てくるのでしょうか。これは、IFRS基準が採用している原則主義と関係しています。原則主義とは、財務報告の目的に基づき、企業がその経済実態に応じて判断する余地をもつアプローチのことです。これは、詳細な規則（ルール）を定める細則主義と対比されます。

原則主義のもとでは、企業は財務報告の目的に基づき、開示すべき情報を選択することが求められます。財務報告の目的は、「財務報告に関する概念フレームワーク」において、投資家等の意思決定に有用な情報を提供することとされています。また、情報が有用であるためには、「関連性」や「忠実な表現」などの質的特性を備えていなければなりません（図表3－3参照）。

そこで、重要性の判断を行うにあたっては、財務報告の目的である、投資意思決定に有用な情報提供を達成するために、その情報が「(意思決定との) 関連性」があるかどうか、「忠実な表現」がなされているかどうかが問われるのです。このように、原則主義と概念フレームワークの質的特性は、具体的に適用すべき基準がない場合でも、柔軟な判断の指針として機能します。企業は、これらをもとに、実態に応じた適切な情報開示を行うことが求められます。

このような考え方が基盤にあるため、基準の具体的な定めを適用しただけでは、サステナビリティ関連のリスクと機会を理解する上で不十分である場合には、追加的な情報を開示しなければならないとされています (適用基準21項)。追加的な開示が必要かどうかは、その情報が財務報告の目的 (投資家等の意思決定に有用な情報提供) に基づいて、「関連性」があり、「忠実に表現」されているかどうかで判断します。基準の規定に従うだけではなく、情報利用者にとって真に有用な情報を提供することが求められるのです。

〈マテリアリティと重要性〉

これまで、任意のサステナビリティ報告においてマテリアリティ分析が開示されることがありましたが、ここでのマテリアリティ（重要性）と、サステナビリティ開示基準の重要性とは異なります。マテリアリティ分析におけるマテリアリティは、ダブルマテリアリティの考え方に基づき、企業と環境等の双方の視点から重要な課題を特定するものです。一方、サステナビリティ開示基準における重要性は、投資家等の意思決定に焦点を当てたシングルマテリアリティに基づいています。この両者の判断基準の違いを明確に区別することが必要です（第2章第1節参照）。

特に、ESGやサステナビリティ分野に関わってきた方々にとっては、「財務報告の概念フレームワーク」に馴染みがないことが多く、重要性や原則主義の考え方が最初は難しく感じられるかもしれません。そのため、会計・経理部門とサステナビリティその他の関連部門が、相互理解を深めながら連携していくことが大切です。

3　4つのコア・コンテンツ――ガバナンス、戦略、リスク管理、指標と目標

「リスク」「機会」とコア・コンテンツとの関係

前節では、サステナビリティ関連のリスクと機会の識別から開示に至る流れと、それに関連して知っていただきたい質的特性などについて説明してきました。本節では、サステナビリティ開示基準の開示内容であるコア・コンテンツについて取り上げます。

その前に、企業の見通しに影響を与えると合理的に見込みうるリスクと機会が、コア・コンテンツとどのように関係しているかを確認しておきましょう。前節の流れに基づき、開示される情報として特定されたサステナビリティ関連のリスクと機会に関して、具体的に開示すべき事項を定めているのがコア・コンテンツです。

コア・コンテンツは、「ガバナンス」「戦略」「リスク管理」「指標と目標」の4つで構成されています。これらはTCFD提言をもとにしており、IFRS「S基準」に開示要求事項として取り入れられ、日本基準にも反映されています。コア・コンテンツの開示事項は、テーマ別基準に定められており、一般的なサステナビリティ関連財務開示（気候関連を除く）

は一般基準に、気候関連開示は気候基準にそれぞれ示されています。4つのコア・コンテンツの概要は、次の通りです。

(1)　ガバナンス―企業がサステナビリティ関連のリスクと機会をモニタリングし、管理し、監督するためのガバナンスのプロセス、統制および手続。

(2)　戦略―企業がサステナビリティ関連のリスクと機会を管理する戦略。

(3)　リスク管理―企業がサステナビリティ関連のリスクと機会を識別し、評価し、優先順位付けし、モニタリングするプロセス。

(4)　指標と目標―サステナビリティ関連のリスクと機会に関連する企業のパフォーマンス。

これら4つのコア・コンテンツは、相互に関連し合いながら、サステナビリティ関連財務情報の有用性を高めます。「ガバナンス」は、企業がサステナビリティに取り組むための体制として機能し、「戦略」の実行可能性を支える基盤となります。「戦略」では、どのようにリスクと機会を識別したか、それらがビジネスに与える影響を評価し、企業の戦略やビジネス・モデルをどのように調整して対応するのかを示します。この「戦略」の実効性を高めるためのプロセスが「リスク管理」です。さらに、これらのリスクと機会に関連する取り組みの進捗状況を測り、目標達成を評価するのが「指標と目標」です。コア・コンテンツは、企業がサステナビリティ関連のリスクと機会に対してどのように取り組んでいるかの全体像を描き出すものです。

なお、第2章第4節でみたように、「企業内容等の開示に関する内閣府令」が2023年1月に改正され、23年3月期から有価証券報告書等に「サステナビリティに関する考え方及び取組」を記載する欄が新設されました。この中で、「ガバナンス」と「リスク管理」はすべての企業に開示が求められ、「戦略」と「指標と目標」については、各企業が重要性を判断した上で開示することとなっています。また、これらの開示内容は、SSBJによる日本基準が定めることが想定されています。以下では、日本基準に基づく「ガバナンス」「戦略」「リスク管理」「指標と目標」の開示要求事項について、もう少し詳しくみていきます。

(1)　ガバナンス

コア・コンテンツの開示を具体的にイメージしてもらうため、最初に有価証券報告書におけるサステナビリティ情報の開示事例を紹介し、その後で、基準の開示要求についてみていきます。本書で紹介する開示事例は、金融庁が2024年12月に公表した「記述情報の開示の好事例集　第2弾」に掲載されているものの中から選定しました。ただし、この好事例集が公表された時点では、日本基準はまだ確定していなかったため、これらの開示は基準を適用したものではありません。しかし、多くの企業が基準適用を見据え、基準の開示事項を意識した開示を行っています。

最初に取り上げるコア・コンテンツはガバナンスです。まず、ガバナンスの開示事例を確認してみましょう。

花王株式会社は、有価証券報告書（第118期：2023年1月1日～2023年12月31日）の【サステナビリティに関する考え方及び取組】において、ESG戦略、気候変動対応（TCFD提言への取組）、人的資本のそれぞれに関するコア・コンテンツを開示しています。図表3－4は、ESG戦略に関するガバナンスの開示内容を示しています（一部抜粋）。

花王は、ガバナンスの開示において、ESGガバナンス体制を図で示すとともに、ESGに監督責任を持つ取締役会の役割や能力、ESGの業務執行を担う機関の役割や実績などの詳細を記載しています。このような開示によって、花王は投資家等に対し、ESG業務がどのように執行され、それをどのように監督しているのかを示しています。

日本基準におけるガバナンスの開示の目的は「サステナビリティ（気候）関連のリスクと機会をモニタリングし、管理し、監督するために企業が用いるガバナンスのプロセス、統制および手続を理解できるようにすること」です（一般基準8項、カッコ内は気候基準9項。以下同様）。なお、ガバナンス機関とは、取締役会や取締役で構成される委員会または同等の機関のことですが、専門的な知識や経験を有する個人がガバナンスを担うこともあります。この開示目的を達成するために、大きく次の2つに関する情報の開示が求められます（一般基準9－10項、気候基準10－11項）。

1．サステナビリティ（気候）関連のリスクと機会の監督に責任を負うガバナンス機関または個人

2．ガバナンスのプロセス、税制および手続における経営者の役割

この2つの内容は、サステナビリティ関連のリスクと機会に対する監督と、経営者による業務執行が分離され、相互に牽制される体制となっているかを問うものです。図表3－5に、一般基準と気候基準において開示が求められる事項をまとめています。なお、図表3－5では、一般基準における「サステナビリティ関連のリスクと機会」、気候基準における「気候関連のリスクと機会」を、簡潔に、「リスクと機会」と表記しています（図表3－7、図表3－10、図表3－12においても同様です）。

図表3－5で一般基準と気候基準を併記しているのは、基準に準拠していると表明するた

図表 3-4　ガバナンスの開示事例

花王株式会社　有価証券報告書（2023年12月期）P15-16

【サステナビリティに関する考え方及び取組】※一部抜粋

（1）ESG戦略 Kirei Lifestyle Plan

（中略）

(1)

① ガバナンス

花王は、グローバルの大きな変化に対する迅速な対応を強化するとともに、事業機会の拡大を目指し柔軟で強靭なESGガバナンスを構築しています。社外委員が参加する組織が経営層に監督・助言する機能や、経営判断がイノベーションや取り組みに変換され、的確かつ迅速に実行に移される機能が備わっていることが特徴です。取締役会がリスクや機会を含むESGに関する監督の責任を持ち、そのもとで社長執行役員及び配下の各組織体が業務執行を担っています。

取締役会は、ESGの監督に適切な知識・経験・能力を確保しています。多角的な視点から経営全体を監督するため必要な専門性のバランスを考慮した構成ですが、ESGも重要な専門性として位置付け、ESGに精通した多くの取締役、監査役を選任しています。取締役会へのESGに関する執行状況の報告は、ESGコミッティから、年に2回の定期報告に加え、適宜議題内容に応じて報告しています。報告内容は、方針や戦略から目標、KPIや活動の進捗状況に及びます。ESGに関するKPIの報酬方針への反映に関しては、取締役・執行役員報酬諮問委員会で審議し、取締役会で決議されます。取締役及び執行役員の報酬に含まれる長期インセンティブ報酬（各役位の基本報酬の30～50％程度）には、ESG経営の推進度を測る「ESG力評価指標」をウエイト40％で設定し、外部指標による評価及び社内目標の達成度等を基準に、支給率を決定しています。

ESG全体の業務執行については、ESGコミッティを最高機関とした体制が担っています。ESGコミッティは、ESG戦略に関する活動の方向性を議論、決定し、取締役会に活動状況を報告します。社外の視点を反映させるため外部有識者で構成されるESG外部アドバイザリーボード、ESG戦略を各部門で遂行するためのESG推進会議、4つの重点課題について確実かつ迅速にESG戦略を遂行するESGステアリングコミッティがあり、各部門の活動を推進しています。

中でもESG外部アドバイザリーボードは、ガバナンスにおいて重要な役割を果たしています。世界の動向、花王の取り組み状況に関する助言は、各分野、世界の各地域で活躍されている委員ならではの活きた知見・観点から生み出されるものであり、ESG視点の経営の意思決定に効果的に反映されています。環境分野の2名、社会分野の2名、ガバナンス分野の1名で構成されています。

ESGに関するリスク管理は内部統制委員会（年2回開催、委員長は代表取締役 社長執行役員）で、機会管理はESGコミッティ（年6回開催、議長は代表取締役 社長執行役員）で実施しています。

ESGガバナンス体制図

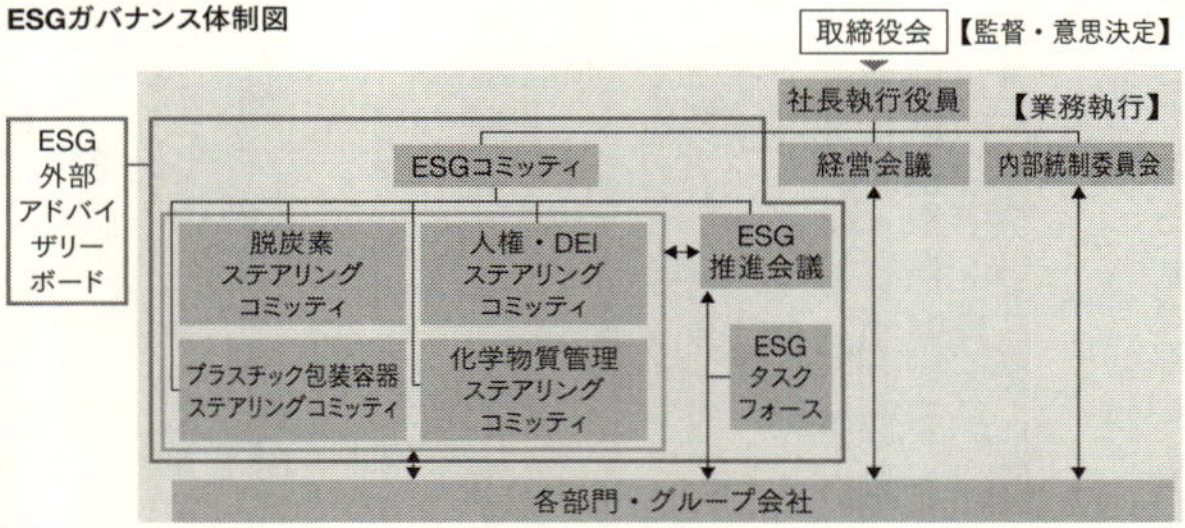

(2)

各組織体の役割、構成、開催頻度、審議事項等

組織体	役割	構成	実績（2023年）	
			開催頻度	主な審議事項等
ESGコミッティ	花王全社に関わる下記項目の審議・議論、又は報告： ● ESGの基本的な考え方や方針 ● ESGに関する方針の展開、戦略、活動、社外コミュニケーション等 ● ESG活動の推進に関する投資の決裁 ● 社会のサステナビリティやESGに関する潮流、課題と機会 ● ESGコミッティメンバーによるステークホルダーとの積極的なエンゲージメント	議長：代表取締役社長執行役員 委員：専務執行役員、常務執行役員等 アドバイザー：会長 オブザーバー：社内監査役	年6回	● DE&I方針の審議・承認 ●「花王サステナビリティレポート2023」での開示方針、KPI進捗及び中長期コミットメントの開示内容の審議・承認 ● 新財団設立の審議・承認 ● ESG投資案件の審議・承認 ● 消費者志向宣言改定の審議・承認 ● 2024年度ESGファンド全体予算の審議・承認 ● ESG外部アドバイザリーボードの答申事項の確認 ● Kirei Lifestyle Plan各テーマの進捗に関するレビュー ● 外部有識者による講演（1回）
ESG外部アドバイザリーボード	● ESGコミッティの諮問に対し社外の高い専門的視点から、答申・提言 ● ESGコミッティに対し、世界レベルの計画策定・実行ができるような情報の提供 ● 外部との協働や連携の機会の提供 ● 花王のESG活動に対する評価	委員：社外有識者 ● 末吉里花氏 一般社団法人エシカル協会代表理事ほか 専門：エシカル消費等 ● Ruma Bose氏 Chief Growth Officer, Clearco 専門：人権、起業家支援等 （以下略）	年2回	● 社会情勢を踏まえた花王への期待とリスク提言 ● Kirei Lifestyle Planの進捗に関する評価と課題提言
ESG推進会議	● ESGコミッティで決定した方針、提言に基づき、ESG戦略と事業の一体化に向けて具現化 ● 重要ESGアクション実行へ向けた監督・検証 ● 各部門、リージョンのESG活動推進の課題を吸い上げ、ESGコミッティへ提案	議長：取締役常務執行役員ESG部門統括 委員：事業部門、機能部門、コーポレート部門、リージョンの責任者等	年8回	● ESG投資戦略の策定 ● 生物多様性の今後の活動方針案の策定 ● Kirei Lifestyle Plan中長期目標の見直し案策定 ● Kirei Lifestyle Plan各テーマの進捗と今後の計画の確認 ● 各部門、リージョンのESG活動に関する進捗の確認 ● 外部有識者による講演（1回）

好事例として着目したポイント

（1）● 業務執行を担う組織から取締役会への報告頻度や内容、ESGに関するKPIの報酬への反映等について端的に記載

● ESGの業務執行体制について端的に記載

（2）● ESGガバナンスを担う組織体ごとに、それぞれの役割、構成、当年度の開催頻度と主な審議事項等を具体的に記載

［出所］　金融庁「記述情報の開示の好事例集 2024」

図表 3-5　ガバナンスの開示事項

	一般基準	気候基準
1. ガバナンス機関または個人	リスクと機会の監督に責任を負うガバナンス機関または個人に関する次の事項 (1)監督責任の所在：ガバナンス機関の名称、個人の役職名 (2)責任の反映：責任が、ガバナンス機関または個人の役割・権限、義務の記述およびその他の関連する方針にどのように反映されているか (3)スキルとコンピテンシー：戦略を監督するための適切なスキルやコンピテンシーが利用可能かまたは開発予定かについての判断 (4)情報の入手方法と頻度：リスクと機会の情報を、どのように、どの頻度で入手しているか (5)リスクと機会の考慮：企業の戦略、主要な取引の意思決定、リスク管理プロセス、関連する方針の監督にあたり、リスクと機会をどのように考慮しているか（トレードオフの考慮を含む） (6)目標設定の監督と進捗管理のモニタリング、報酬方針：リスクと機会に関連する目標設定をどのように監督し、目標達成への進捗をどのようにモニタリングしているか（パフォーマンス指標が報酬方針にどのように含まれているか（いないか）を含む）	同左
2. 経営者の役割	リスクと機会をモニタリングし、管理し、監督するために用いるガバナンスのプロセス、統制および手続における経営者の役割に関する次の事項 (1)役割の委任：役割が委任されている経営者等の役職名または機関の名称、監督の実施方法、役割が委任されていない場合はその旨 (2)統制および手続：経営者がリスクと機会の監督を支援するために統制および手続を用いている場合に内部統制機能とどのように統合されているか、用いていない場合はその旨	同左
3. 不必要な繰り返しの回避（気候基準のみ）	—	3. 不必要な繰り返しの回避：リスクと機会の監督を統合的に管理している場合、統合したガバナンスを開示

リスクと機会は、一般基準ではサステナビリティ関連のリスクと機会、気候基準では気候関連のリスクと機会を指す。

［出所］ 一般基準 9-10 項、気候基準 10-12 項をもとに筆者作成

めには、すべての基準（適用基準、一般基準、気候基準のすべて）を適用することが求められるからです。適用基準については第4節で述べますが、コア・コンテンツに関しては、気候以外のテーマに適用される一般基準の開示事項と、気候テーマに適用される気候基準の開示事項の両方を知っていただくために併記しています。

図表3－5の「1．ガバナンス機関または個人」については、監督責任の所在、その責任がどのように権限や方針に反映されているか、スキルとコンピテンシー、情報の入手方法と頻度、リスクと機会をどのように考慮しているか、目標設定の監督と進捗管理のモニタリング（報酬方針への反映を含む）の開示が求められます。「2．経営者の役割」については、執行に関する役割の委任とその監督方法、統制と手続が内部統制機能とどのように統合されているかの開示が求められます。これらにより、監督と経営（業務執行）に関する体制の全体像を示します（一般基準9－10項）。

気候基準におけるガバナンス開示事項は、一般基準と共通しており、気候基準では、一般基準における「サステナビリティ関連」の部分が、「気候関連」と表記されています。なお、気候関連のガバナンスがサステナビリティ全般のガバナンスに統合されている場合は、別々に開示するのではなく、不必要な繰り返しを避ける必要があり、統合されたガバナンスを開示します（気候基準10－12項）。

ここで再度、図表3－4の花王の事例をみると、「1．ガバナンス機関」については、ESGの監督に責任を負う機関は取締役会であることや、その責任がガバナンス体制にどのように反映されているか、取締役会が有するスキル、情報の入手方法と頻度、報酬方針などが、図表3－4の右側で開示されています。「2．経営者の役割」については、各執行機関の役割が図表3－4の左側の表で、ESGが企業全体のガバナンス機関にどのように統合されているかは図表3－4の右側の体制図で開示されています。

このようなガバナンス情報が開示されることで、投資家等は、ESGに関して監督を担う機関の体制やスキル、経営（監視、管理を含む業務執行）を担う機関の体制やスキル、監督や経営の実効性を高めるために報酬に反映されているかなどを理解することができます。

(2) 戦略

次に取り上げるコア・コンテンツは「戦略」です。まず、図表3－6に示された「戦略」の開示事例を確認してみましょう。

日本ハム株式会社は、有価証券報告書（第79期：2023年4月1日～2024年3月31

日）の【サステナビリティに関する考え方及び取組】において、サステナビリティ、TCFD提言への取組、人的資本のそれぞれに関するコア・コンテンツを開示しています。図表3－6は、TCFD提言への取組に関する「戦略」の開示内容を示しています（一部抜粋）。

日本ハムは、戦略の開示において、自社が直面している重要な気候関連のリスクと機会の内容、その発生時間軸および事業への影響を示しています。また、シナリオ分析の結果をもとに、企業への財務的影響を、金額を含めて開示するとともに、リスクと機会への対応状況も示しています。このような開示によって、日本ハムは、投資家等に対して、自社がどのようなリスクや機会に直面しており、事業への影響をどのように評価し、どのように対応しようとしているのかの戦略を明らかにしています。

日本基準における戦略の開示の目的は「サステナビリティ（気候）関連のリスクと機会を管理する企業の戦略を理解できるようにすること」です（一般基準11項、気候基準13項）。この目的を達成するために、戦略に関して次の5つの事項の開示が求められます（一般基準12項、気候基準14項）。

1．サステナビリティ（気候）関連のリスクと機会

図表 3-6　戦略の開示事例

日本ハム株式会社　有価証券報告書（2024年3月期）P22-27

【サステナビリティに関する考え方及び取組】※一部抜粋

(2) 気候関連財務情報開示タスクフォース（TCFD）提言への取組

（中略）

② 戦略

サステナビリティの戦略のうち特に重要となる気候変動対応に関しては、パリ協定(2015年)、IPCCによる「1.5℃特別報告書（2018年)」、「第6次報告（2023年)」の内容も踏まえ、当社グループの主要事業において気候変動が与えるリスク・機会について以下のように考えております。

重要なリスクと機会			発生時間軸	事業への影響
物理リスク	飼料価格の上昇・不安定化による飼育コストの上昇	自社飼育の豚鶏	中～長期	財務影響：影響なし～53億円 ●原材料調達の不安定化 ●畜肉生産コストの上昇
		加工食品原料（豚肉）	中～長期	財務影響：影響なし～22億円・加工食品生産コストの上昇
	家畜生育への気温上昇影響		中～長期	●畜肉生産量の減少 ●畜肉生産コストの上昇
	拠点における水災害リスクの高まり		短～長期	●保有設備への損害 ●製造活動の低下、出荷遅延
	拠点における水ストレスの高まり		短～長期	●製造活動の低下
移行リスク	炭素税導入によるエネルギー費用の高まり		中～長期	財務影響：130～200億円 ●生産コストの上昇
機会	環境に配慮した消費動向の強まり		短～長期	●包材コストの削減 ●将来の市場獲得
	新たんぱく質市場の拡大		短～長期	●将来の市場獲得

(注) 各発生時間軸が示す期間は以下のとおりです。
短期：3年未満、中期：3～10年、長期：10年超

（中略）

⑤シナリオ分析と対応

脱炭素社会をキーワードとし、2つの対比的な気候変動シナリオパターンを設定、分析を実施しております。2023年度の活動において、物理リスクのインパクト大の項目について財務インパクトの算定を行いました。

パターン	参照シナリオ	考える世界観
1.5 / 2℃	SSP1-1.9/2.6 IEA-NetZero	●脱炭素トレンド（炭素税等の規制コストが高まる） ●気候変動への関心を背景に、新たんぱく質市場の活性化、環境へ配慮した製品の選択機会増加
4℃	SSP3-7.0	●気温上昇、水害、渇水等による飼料価格の上昇や畜肉調達価格の上昇 ●家畜への気温上昇影響 ●自社拠点における水リスクの懸念

シナリオ分析結果

リスクと機会			財務インパクト 1.5/2℃～4℃	対応状況
物理リスク	飼料価格の上昇・不安定化による飼育コストの上昇	自社飼育の豚鶏	大（影響なし～53億円）	●飼料要求率（*）改善の取組み ●飼料会社と連携、地産原料を使った飼料の開発 ●自社で豚ふん堆肥を活用した循環型農業による穀物確保
		加工食品原料（豚肉）	大（影響なし～22億円）	●気候変動を考慮し、国や地域、さらにはその中で新たな取引先を開拓、調達先を拡大 ●製造コストの改善や商品価格改定
	家畜生育への気温上昇影響		中	●暑熱対策の実施
	拠点における水災害リスクの高まり		小	●洪水リスクに対する設備の強化 ●災害時の製品供給体制の強化
	拠点における水ストレスの高まり		小	●水ストレスリスク高拠点における水資源有効活用
移行リスク	炭素税導入によるエネルギー費用の高まり		大（130～200億円）	●処理・製造工程でのエネルギー利用の効率化・燃料転換 ●再生可能エネルギーの利用拡大・低排出車両への転換・物流効率化による物流での排出削減
機会	環境に配慮した消費動向の強まり		中	●サステナビリティ価値の高い商品の開発 ●新たんぱく質を活用した商品開発 ●新たんぱく質の研究開発
	新たんぱく質市場の拡大		大	

（注）「＊」は、配合飼料における穀物等の配合を成長に適したものに調整し、効率の良い体重増加を促すことをいいます。飼料要求率のシナリオ分析の結果、部分的に影響が出る可能性はありますが大きな影響には至らないと想定しております。

好事例として着目したポイント

- リスク・機会の項目ごとに、発生時間軸、事業への影響、対応状況を端的に記載するとともに、財務インパクトを定量的に記載

［出所］　金融庁「記述情報の開示の好事例集 2024」

図表 3-7　戦略の開示事項

	一般基準	気候基準
1. サステナビリティ（気候）関連のリスクと機会	企業の見通しに影響を与えると合理的に見込みうるリスクと機会についての次の事項 (1)識別されたリスクと機会 (2)影響が生じると合理的に見込みうる時間軸 (3)短期、中期、長期の定義 (4)戦略的意思決定に用いる計画期間との関係	(1)同左 (2)気候関連の物理的リスクまたは移行リスクのいずれであるか (3)～(5)は一般基準の（2)～(4）と同じ
2. ビジネス・モデルとバリュー・チェーンに与える影響	企業の見通しに影響を与えると合理的に見込みうるリスクと機会についての次の事項 (1)現在のビジネス・モデルとバリュー・チェーンに与えている影響 (2)将来のビジネス・モデルとバリュー・チェーンに与えると予想される影響 (3)リスクと機会が集中している部分	同左
3. 財務的影響	企業の見通しに影響を与えると合理的に見込みうるリスクと機会について、次の事項を理解できる情報 (1)現在の財務的影響：当報告期間の財政状態、財務業績、キャッシュ・フローに与えた影響 (2)予想される財務的影響：短期、中期、長期において財政状態、財務業績、キャッシュ・フローに与えると予想される影響	同左
4. 戦略と意思決定に与える影響	企業の見通しに影響を与えると合理的に見込みうるリスクと機会についての次の事項 (1)戦略と意思決定において、リスクと機会にどのように対応してきたか、今後対応する計画であるか (2)過去に開示した計画の進捗 (3)(1）の対応を決定するにあたり考慮したリスクと機会のトレードオフ	(1)同左 (2)(1）の対応について資源を確保している方法および将来において資源を確保する計画の内容 (3)(4）は一般基準の（2）(3）と同じ

	一般基準	気候基準
5.（気候）レジリエンス	リスクから生じる不確実性に対応する企業の能力（レジリエンス）について、次の事項に関する情報 (1)戦略とビジネス・モデルのレジリエンスに関する定性的評価 (2)該当ある場合、(1) の定量的評価	気候関連のシナリオ分析に基づき気候レジリエンスを評価し、識別した気候関連のリスクと機会を考慮し、次の事項を開示 (1)シナリオ分析の手法と実施期間 (2)気候レジリエンスの評価

リスクと機会は、一般基準ではサステナビリティ関連のリスクと機会、気候基準では気候関連のリスクと機会を指す。

［出所］ 一般基準 11-27 項、気候基準 13-39 項をもとに筆者作成

2. ビジネス・モデルとバリュー・チェーンに与える影響
3. 財務的影響
4. 戦略と意思決定に与える影響
5. (気候) レジリエンス

図表3－7は、戦略に関するこれら5つについての開示事項をまとめたものです。以下では、これらの5つの事項について順を追って説明していきます。

〈サステナビリティ関連のリスクと機会〉

企業が、どのようなリスクと機会を、第2節の流れに従い、開示すべき重要なものと判断したのかは、投資家等が知りたいところです。そこで、識別されたリスクと機会を開示しなければなりません。また、そのリスクと機会のそれぞれについて影響が生じると合理

的に見込みうる時間軸（短期、中期、長期）を開示しなければなりません。この時間軸の定義は、産業の特性や意思決定の期間などによって異なるため、基準では一律の定義を設けていません。そのため、企業は自社の短期、中期、長期の定義を開示し、さらに、戦略的意思決定の計画期間との関係についても開示することが求められます（一般基準14項、BC32－34項、気候基準19項、BC51－53項）。

気候基準では、企業の見通しに影響を与えると合理的に見込みうる気候関連のリスクと機会を識別するにあたり、「IFRS S2号「気候関連開示」の適用に関する産業別ガイダンス」（産業別ガイダンス）の開示トピックを参照し、その適用可能性を考慮しなければなりません。考慮した結果、適用すると結論付ける場合と、適用しないと結論付ける場合とがあります。そのリスクと機会の識別にあたっては、合理的で裏付け可能な情報を用いなければなりません（気候基準17－18項）。

また、気候基準では、一般基準における開示事項に加えて、リスクが気候関連の物理的リスクまたは移行リスクのいずれであるかを開示することが求められます（気候基準19項）。第2章でもふれましたが、物理的リスクは、気候変動によって資産などに被害が及ぶリスクのことで、急性の物理的リスクと慢性の物理的リスクに分類されます。急性の物理的リスクは、洪水や台風などの自然災害によって生じるリスクを指します。慢性の物理的リスクは、海面上昇や平均気温の上昇など、気候パターンの長期的な変化によって生じるリスクを指します。移行リスクとは、低炭素経済への移行に伴って生じるリスクで、政策・規制の強化や新たな法律の制定、代替技術や低炭素技術の導入、需要や競争環境といった市場の変化などから生じるリスク、さらには環境意識の高まりによる評判への影響（レピュテーション・リスク）が含まれます（気候基準4項）。

企業が、どのようなリスクと機会を、「企業の見通しに影響を与えると合理的に見込みうるサステナビリティ（気候）関連のリスクと機会」として識別したかは、以下の、「ビジネス・モデルとバリュー・チェーンに与える影響」「財務的影響」「戦略と意思決定に与える影響」の開示の基礎となります。そのため、これらの開示は、図表3－7に示すように、「企業の見通しに影響を与えると合理的に見込みうるサステナビリティ（気候）関連のリスクと機会」についての開示要求となっています。

〈ビジネス・モデルとバリュー・チェーンに与える影響〉

サステナビリティ関連財務開示を作成するにあたっては、バリュー・チェーンを通じての相互作用の財務的影響を考慮することが必要となります（適用基準ＢＣ１０９項）。そのため、企業の見通しに影響を与えると合理的に見込みうるサステナビリティ（気候）関連のリスクと機会が、現在の企業のビジネス・モデルとバリュー・チェーンに与えている影響、将来の企業のビジネス・モデルとバリュー・チェーンに与えると予想される影響を開示しなければなりません（一般基準15項、気候基準20項）。

また、ビジネス・モデルとバリュー・チェーンにおいて、サステナビリティ（気候）関連のリスクと機会が集中している部分についても開示が求められます。例えば、気候関連のリスクについて、ある製品の製造に必要不可欠な特定の資源の供給に影響する、特定の地域に物理的リスクが集中している場合、その地域、施設、資産の種類を開示することが考えられます（一般基準15項、ＢＣ35項、気候基準20項）。

これらの影響を把握することは、企業がリスクを適切に管理し、機会を最大限に活用する上でも役立ちます。

〈財務的影響〉

サステナビリティ関連のリスクと機会が財務諸表上の情報とどのようにつながっているか

は、投資家等にとって関心事です。そのため、企業は、サステナビリティ（気候）関連のリスクと機会が、当報告期間の財政状態、財務業績、キャッシュ・フローに与えた影響、および、短期、中期、長期において企業の財政状態、財務業績、キャッシュ・フローに与えると予想される影響を理解できるような情報を開示しなければなりません（一般基準16項、気候基準21項）。

具体的には、当報告期間における前記の影響、翌報告期間の財務諸表上の資産・負債の帳簿価額に重要な影響を与える重大なリスクがあるもの、および、リスクと機会を管理する企業の戦略を踏まえた短期、中期、長期における企業の財政状態、財務業績、キャッシュ・フローの変化の見込みについて、定量的および定性的情報を開示しなければなりません。財政状態の変化の見込みについては、企業の投資計画や処分計画（例えば、資本的支出、買収、事業変革、新規事業領域、資産除去計画）、および、戦略遂行のための資金計画を考慮する必要があります（一般基準17項、BC39項、気候基準22項）。

予想される財務的影響については、サステナビリティ（気候）関連のリスクと機会が、企業の財務計画にどのように含まれているかを考慮する必要があります。その開示にあたっては、合理的で裏付け可能な情報、および、企業が利用可能なスキル、能力、資源に見合ったアプローチを用いなければなりません（一般基準18－19項、BC42－44項、気候基準23－24項）。これにより、企業は過大なコストや労力をかけることなく、予想される財務的影響を開示することが可能となります。

なお、定量的情報として、金額の他に、単一の数値や数値の範囲を開示することができます。ただし、財務的影響を区分して識別できない場合や、見積りにおける測定の不確実性があまりに高く定量的情報が有用でない場合は、定量的情報を開示する必要はありません。また、企業が定量的情報を提供するスキル、能力または資源を有していない場合は、予想される財務的影響についての定量的情報を開示する必要はありません。これらの場合には、定量的情報を提供していない理由、財務的影響に関する定性的情報、および、他のサステナビリティ（気候）関連のリスクまたは機会およびその他の要因との複合的な財務的影響に関する定量的情報を開示することが求められます。この場合の定性的情報とは、サステナビリティ（気候）関連のリスクまたは機会が影響を与える可能性が高いか、影響を与えた財務諸表の表示科目などが考えられます（一般基準20－22項、BC47項、気候基準25－27項、BC60項）。

〈戦略と意思決定に与える影響〉

企業の見通しに影響を与えると合理的に見込みうるサステナビリティ（気候）関連のリスクと機会に対して、企業が戦略と意思決定においてどのように対応してきたか、また、今後対応する計画であるかも重要なポイントです。そこで、これらの情報、および、その対応を決定する際に考慮したリスクと機会の間のトレードオフ（例えば、新規事業の環境上のインパクトと新規雇用機会の創出）、さらに、過去に開示した計画に対する進捗についても開示しなければなりません（一般基準23項、BC49項、気候基準28項）。

気候基準では、これらに加えて、リスクと機会に対応するために企業が資源を確保している方法、将来において資源を確保するための計画の内容についても開示が求められます。また、前記の対応については、具体的に、気候関連のリスクと機会に対処するために現在のビジネス・モデルを変更している場合、将来にビジネス・モデルの変更が予想される場合、現在および将来の直接的・間接的な緩和および適応の取り組みがある場合、気候関連の移行計画がある場合はそれぞれの内容を、気候関連の目標がある場合は目標達成計画の内容を開示しなければなりません。なお、気候関連の移行計画とは、低炭素経済への移行を目指す企業の目標、活動、資源を示した企業の全体的な戦略の一側面のことで、温室効果ガス排出削減活動などの活動を含みます（気候基準5項、28―29項）。

〈レジリエンス〉

企業は、識別したリスクに対して企業の戦略やビジネス・モデルの調整が必要かどうかについて、日常的なリスク管理プロセスや経営計画の策定プロセスにおいて評価していることでしょう。リスクから生じる不確実性に対応する企業の能力（リスクへの対応力）をレジリエンスといい、投資家等が企業価値を評価する上で有用な情報です。そこで、企業は、サステナビリティ関連のリスクに関連する戦略とビジネス・モデルのレジリエンスについての定性的評価と（あれば）定量的評価、レジリエンスの評価手法と時間軸を開示する必要があります（一般基準24―25項、BC50項）。

一般基準ではリスクへの対応に焦点が当てられているのに対して、気候基準では、気候レジリエンスを、「気候関連の変化、進展または不確実性に対応する企業の能力」と定義し、この能力には、気候関連のリスクを管理し、気候関連の機会から便益を享受する能力が含まれるとしています。そこで、企業は、シナリオ分析（後述）を実施して、気候レジリエンスを評価することが求められます。気候レジリエンスには、企業の戦略上のレジリエンスと事業上のレジリエンスの両方を含みます（気候基準30項、ＢＣ76－77項）。

このようなレジリエンスの評価は、サステナビリティ関連財務開示の対象となっている「企業の見通しに影響を与えると合理的に見込みうるサステナビリティ関連のリスク（気候関連のリスクと機会）」に対して行うものであり、すべてのサステナビリティ関連のリスク（気候関連のリスクと機会）に対して行うことを想定してはいません（一般基準ＢＣ51項、気候基準ＢＣ79項）。

なお、「レジリエンス」と、先に述べた「財務的影響」は、異なる情報ニーズに応える開示です。「レジリエンス」の開示では、サステナビリティ関連のリスクやさまざまなシナリオにおける関連する不確実性の影響に対処し、耐える能力に関する情報を提供します。一方、現在および予想される「財務的影響」の開示では、これらのリスクと機会が、企業の財政状態、財務業績、キャッシュ・フローに与える影響に関する情報を提供します（一般基準ＢＣ52－53項）。

また、「レジリエンス」の評価結果と、先に述べた「戦略と意思決定に与える影響」も異なります。「レジリエンス」の評価結果では、レジリエンス、すなわち、リスクから生じる不確実性（気候関連の変化、進展または不確実性）に対応する企業の能力を評価した結果と、戦略とビジネス・モデルの評価に影響がある場合にはその影響を開示することを求めています。一方、「戦略と意思決定に与える影響」の開示では、識別したリスクと機会にどのように対応してきたか、また、今後どのように対応する計画であるかを開示することを求めています。ただし、両者は関連する可能性があり、つながりが理解できるように開示することは有用でしょう（一般基準ＢＣ55項、気候基準ＢＣ99－101）。

シナリオ分析

気候基準では、気候レジリエンスの評価にあたって、企業の状況に見合ったアプローチを用いて、気候関連のシナリオ分析を用いなければなりません。シナリオ分析とは、不確実な状況下で将来事象の結果の考えられる範囲を識別し、評価するプロセスのことです（一般基準5項、気候基準33項、ＢＣ83項）。シナリオ分析の手順については、「解説　シナリオ分析の手順」をご覧ください。

企業に影響を与える気候関連のリスクと機会の発生可能性、規模および時期は複雑であり、不確実性を伴います。そこで、気候レジリエンスの開示では、投資家等の理解に資する情報を提供するために、シナリオ分析の手法と実施時期、および、気候レジリエンスの評価の2つの側面を開示しなければなりません。具体的には、気候関連のシナリオ分析の手法と実施時期については、用いたインプットや主要な仮定、実施した報告期間の開示が求められます。気候レジリエンスの評価については、戦略とビジネス・モデルの評価への影響、重大な不確実性の領域、短期・中期・長期にわたり戦略とビジネス・モデルを調整する企業の能力の開示が求められます（気候基準31項、38－39項、BC81項）。

「シナリオ分析」の概念と、「気候レジリエンスの評価」の概念は異なるものです。気候関連のシナリオ分析は、企業を取り巻く環境に関する事象を考慮して分析するものであり、気候レジリエンスの評価は、企業自身の状況を考慮して評価を行うものです（気候基準BC80項）。

気候レジリエンスの評価は報告期間ごとに実施する必要がありますが、シナリオ分析は報告期間ごとに実施する必要はなく、最低限、戦略計画サイクルに沿って更新しなければなりません（気候基準30項、BC94項）。

なお、シナリオ分析では、合理的で裏付け可能な情報を考慮することができるようなアプローチを決定することが求められます。アプローチの決定にあたっては、シナリオ分析に用いるインプットの選択、シナリオ分析の実施方法に関する分析上の選択について検討し、気候関連のリスクと機会に対する企業のエクスポージャー（リスクと機会にさらされている度合い）、利用可能なスキル、能力、資源を考慮しなければなりません（気候基準34－36項）。

このシナリオ分析の実務はまだ発展途上であり、企業の内部・外部環境が今後変化する可能性があることから、シナリオ分析のアプローチは柔軟に見直す必要があります。リスクへのエクスポージャーが大きい企業であっても、スキルや資源が限られている場合には、初期段階では単純なアプローチを用い、経験や能力を蓄積してから、徐々に高度で定量的なアプローチを適用することになります（気候基準A18－19項）。

シナリオ分析には専門的なスキルや資源が必要であり、これらが限られている企業にとっては、過大なコストや労力を伴う場合があります。このような懸念に対応するため、気候基準では別紙A「気候関連のシナリオ分析に対して用いるアプローチ」を提供しています。この別紙Aでは、気候レジリエンスを評価するために企業がシナリオ分析を活用するにあたって、企業の状況の評価、適切なアプローチの決定、追加の考慮事項に関するガイダンスを示しています（気候基準BC84項、別紙A）。

解説　シナリオ分析の手順

気候関連のシナリオ分析は、企業のレジリエンス評価において重要な役割を果たします。シナリオ分析では、設定したシナリオに基づき、気候変動が自社に及ぼす影響を分析します。定量化することで、具体的な影響の把握や効果的な開示に役立てることができます。

図表3－6の事例でみたようなシナリオ分析は、どのように実施されるのでしょうか。シナリオ分析の手順は、図表3－8をご覧ください。

STEP1ではリスク重要度を評価し、STEP2ではシナリオ群を定義します。STEP2①のシナリオ選択に関して、図表3－6で取り上げた日本ハムでは、1・5℃／2℃シナリオと4℃シナリオを用いています。

1・5℃／2℃シナリオとは、パリ協定の目標である「地球温暖化による気温上昇を産業革命以前と比べて2℃未満、1・5℃以内に抑える」ことを前提に、そのための行動や影響を想定した将来予測です。このシナリオを実現するには、社会全体の温室効果

図表3-8　シナリオ分析の手順および事業インパクト評価イメージ

はじめに　分析実施体制の構築、分析対象・時間軸の設定

STEP1　**リスク重要度の評価**
①リスク項目の列挙
②事業インパクトの定性的表現
③リスク重要度の決定

↓

STEP2　**シナリオ群の定義**
①（1.5/2℃シナリオなどの）シナリオの選択
②関連パラメータ（変数）の将来情報の入手
③自社を取り巻く世界観の整理、鮮明化

↓

STEP3　**事業インパクト評価**
（事業インパクト評価イメージ図参照）
①リスクと機会が影響を及ぼす貸借対照表・損益計算書項目の把握
②算定式の検討と財務的影響の試算
③将来の事業展望にどの程度の財務的影響をもたらすかの把握

ガス排出を大幅に削減する必要があり、企業にとっては炭素税や排出規制対応のコスト負担、再生可能エネルギーや省エネ技術への投資負担の増加といった影響が考えられます。一方で、こうした取り組みにより、気候変動の深刻な影響は最小限に抑えられます。

4℃シナリオは、地球温暖化対策が不十分であった場合に、産業革命以前と比べて気温が4℃上昇することを想定し、その影響やリスクを予測

STEP4　**対応策の検討**
①自社のリスクと機会に関する対応状況の把握
↓　②リスク対応・機会獲得のための今後の対応策の検討
③社内体制の構築と具体的なアクションの着手

STEP5　**文書化と情報開示**
シナリオ分析の位置づけ、検討結果の開示

【シナリオ分析　事業インパクト評価イメージ】

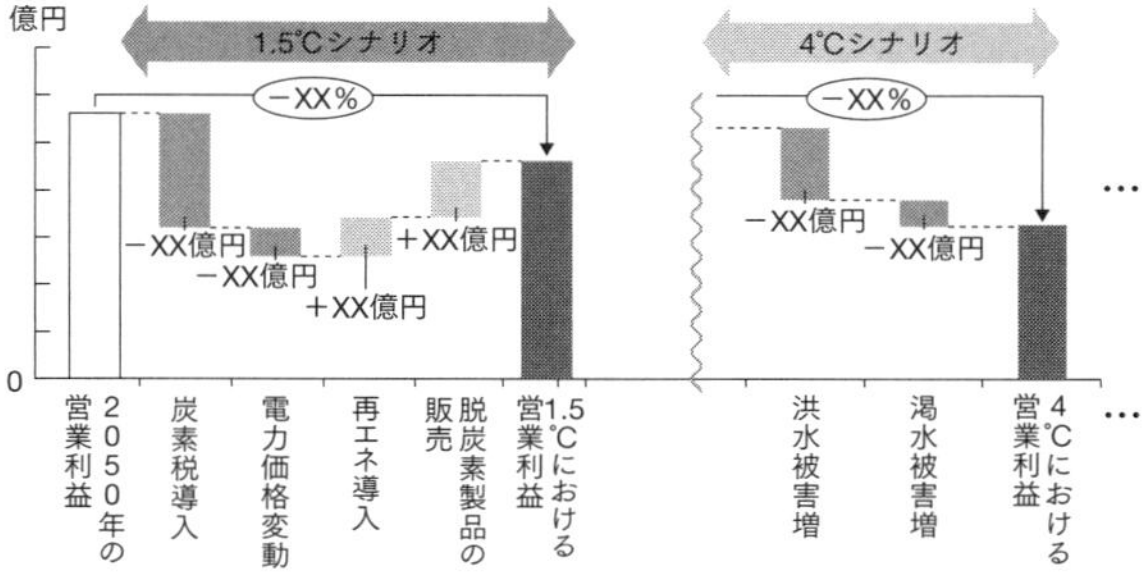

［出所］　環境省「シナリオ分析の実施ステップと最新事例」2023年より筆者要約

する将来シナリオです。このシナリオでは、深刻な気候災害や環境被害が予測されます。

STEP3の事業インパクト評価については、事業インパクト評価イメージ図をご覧ください。それぞれのシナリオにおいて予想される影響ごとに財務的評価を行っています。1・5℃／2℃シナリオでは、排出に伴うコスト負担が増大する一方で、脱炭素ビジネスの拡大が見込まれます。4℃シナリオでは、気温上昇に伴う洪水などがより深刻化し、その被害額が増加することが見込まれます。
図表3－6の日本ハムの事例では、シナリオ分析の結果についても開示されていま す。例えば、物理的リスクの一つ目の「飼料価格の上昇・不安定化」については、有価証券報告書で次のように開示されています。

（特定理由）

当社グループでは家畜の生産事業を行っており、今後、人口増による食糧需要の拡大、気温上昇や渇水による影響、穀物のバイオマス燃料需要との競合の可能性等から、穀物飼料の価格が上昇する可能性が考えられました。シナリオ分析を実施した結果、気温上昇の程度によっては一部の穀物は増収の可能性があるものの、4℃シナリオでは気候変動の影響により穀物は減収、調達コストが増加する可能性がありました。（略）

（対応状況）

穀物飼料価格高騰への対策について、商品の価格改定の他に、従来より飼料要求率の改善に取り組んでおり、技術開発を進めることで、飼料コストの削減を進めております。また、グループ外からの畜肉調達におけるコスト上昇や不足の影響下でも、安定した供給を維持するため、新たな取引先を開拓して調達先を拡大し、より安定的な畜肉調達網の構築を進めております。

図表３－８に照らしてみると、日本ハムは、シナリオ分析のＳＴＥＰ１であるリスク重要度の評価について、前記の（特定理由）で開示しています。ＳＴＥＰ２のシナリオ群の定義については、図表３－６において１・５／２℃シナリオと４℃シナリオを選択したことや、それぞれの世界観を開示しています。ＳＴＥＰ３の事業インパクト評価の結果については、図表３－６において、財務インパクトの規模（大、中、小）を示し、インパクトが大のものは金額も開示しています。

ＳＴＥＰ４の対応策の検討については、日本ハムは、図表３－６および前記の（対応状況）で開示しています。さらに、その他の物理的リスク（家畜生育への気温上昇影響、拠点における水災害リスクの高まり、拠点における水ストレスの高まり）、移行リスク（炭素税によるコスト増）、機会（環境に配慮した消費動向の強まり、新たんぱく質市場の拡大）についても、同様の開示を行っています。

企業は、このようなシナリオ分析を実施した上で、対応策の検討や具体的なアクションの実施につなげることが重要です。さらに、低炭素ビジネス・モデルへの変革を進めるためには、経営との統合（中期経営計画への気候変動の組み込み）が不可欠です。また、STEP5において適切な開示を行うことで、企業価値の適正な評価に寄与します。

このようなシナリオ分析を通じて、事業への中長期的な影響を把握し、シナリオで想定したいずれの世界に進んだとしてもそれに対応できるレジリエントな経営体制を構築しておくことが重要です。これは企業の将来戦略を検討することそのものであり、経営層をはじめ企業のさまざまな部署が関与する必要があります。そのため、シナリオ分析が「戦略」の一環として位置づけられていることも、理解いただけるでしょう。

ここで再度、図表3－6の日本ハムの事例をみると、有価証券報告書における気候変動に関する戦略の中で、識別した重要なリスクと機会、ビジネス・モデルに与える影響（掲載略）、財務的影響、シナリオ分析に基づくレジリエンスなどが開示されています（開示内容の一部は、「解説　シナリオ分析の手順」の中で掲載しています）。このような開示によって、投資家等は、企業がサステナビリティ関連のリスクと機会をどのように管理しているかの戦略を理解できるようになります。

(3) リスク管理

３つ目のコア・コンテンツはリスク管理です。まず、図表３－９に示されているリスク管理の開示事例を確認してみましょう。

株式会社セブン＆アイ・ホールディングスは、有価証券報告書（第19期：２０２３年３月１日～２０２４年２月29日）の【サステナビリティに関する考え方及び取組】において、サステナビリティ共通、気候変動、人的資本のテーマに関するそれぞれのコア・コンテンツを開示しています。ただし、同社はこれらのテーマのリスク管理を全社的なリスク管理体制の中に含めているため、テーマごとに別個に開示するのではなく、「事業等のリスク」においてまとめて開示している旨を記載しています。

コア・コンテンツの開示事項は、一般基準（気候以外のテーマに適用）と気候基準（気候テーマに適用）の両方に定められています。ただし、全社的に対応している場合には、テーマごとに別個に記載するのではなく、まとめて開示することで不必要な繰り返しを避ける必要があります。また、サステナビリティ関連のリスクと機会の監督が統合的に管理されている場合も、リスクと機会それぞれについて別個に開示するのではなく、統合されたリスク管理を開示することで、繰り返しを避けることが求められます（適用基準31項、気候基準42

図表 3-9　リスク管理の開示事例

株式会社セブン＆アイ・ホールディングス
有価証券報告書（2024年2月期）P17-20, 27, 29-30

【事業等のリスク】※一部抜粋

(1)

〈グループリスク管理体制〉

当社グループは、当社及び当社グループ各社において、リスクマネジメント委員会等の会議体を設置しています。リスクマネジメント委員会は、原則半期に1回開催され、各リスク管理統括部署より自社のリスク管理状況に関する報告を受け、リスクの網羅的な把握、その評価・分析及び対策について協議し、今後の方向性を定めています。

一方、各種リスクについては、当社リスク管理統括部署を主体とするグループ横断の会議体等を通じて、該当するリスクに係る対応の方向性や各社のリスク低減の取り組み、更にリスクが顕在化する兆候を示す社内外の各種事例等の共有を図っています。

グループリスク管理体制

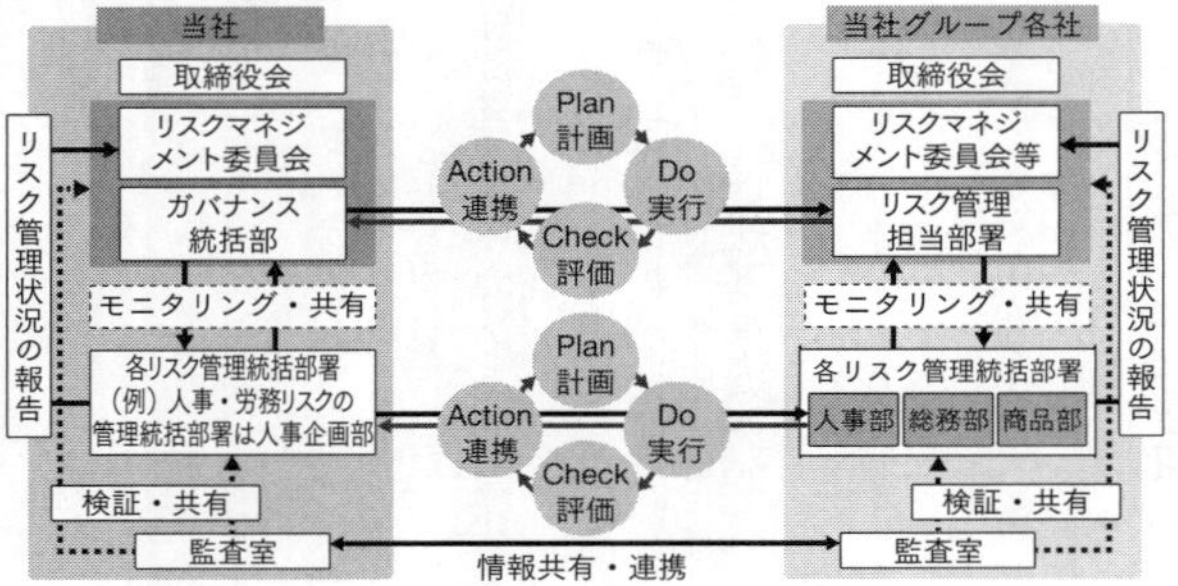

〈リスク管理のPDCA〉

当社グループでは、グループ内外の情報をもとに、「網羅的なリスクの洗い出し」「リスクの評価と改善策の立案」「優先順位付け」「改善活動とモニタリング」を実施しています。

また各社監査室は、定期的な内部監査を通じ、独立した立場で、リスク管理が効果的に実施されていることを検証し、各部署に対し、必要に応じてリスク管理向上のための助言を行っています。

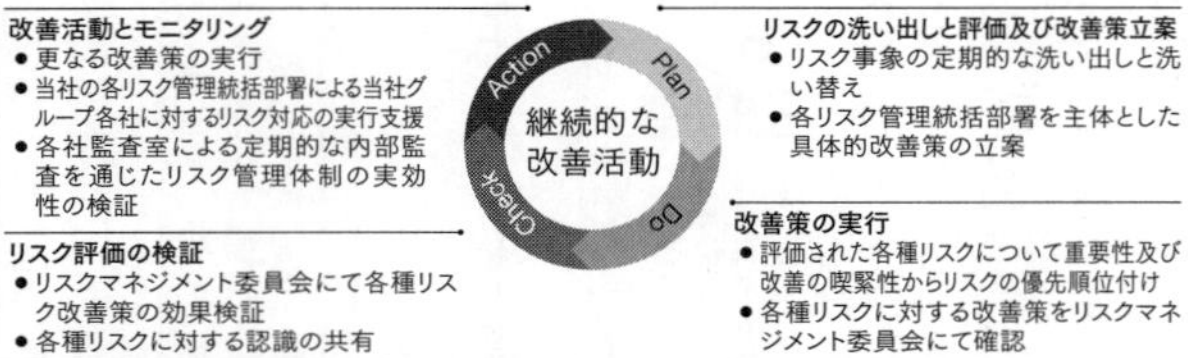

好事例として着目したポイント

（1）全社的なリスク管理体制を端的に記載

（2）リスク評価プロセスを端的に記載するとともに、リスククラスごとの管理体制について端的に記載

(2)

〈リスク評価プロセス〉

当社グループの内部環境の変化に加え、地政学リスクやESG関連リスクの高まりといった世界的な潮流の変化や、消費者の価値観の変化、ネット通販の拡大など事業環境の様々な変化をとらえる必要があります。特に近年では、先行き不透明な国際情勢など、企業活動を取り巻く環境の不確実性を高める要因が増大しています。

このような環境下において、これまでのリスク管理で主に対象としていた内部環境・短期的視点のリスクだけでなく、外部環境・中長期的視点のリスクを加え、内外環境変化に対応できるようリスク分類を整備・拡充しました。更に、リスクが顕在化した場合の業績に与える影響度の評価観点として、これまでの定量的な要素に、事業継続や当社グループのブランドイメージの毀損などの定性的な要素を追加することで、各種リスクの評価・分析の多角化・高度化を図っています。

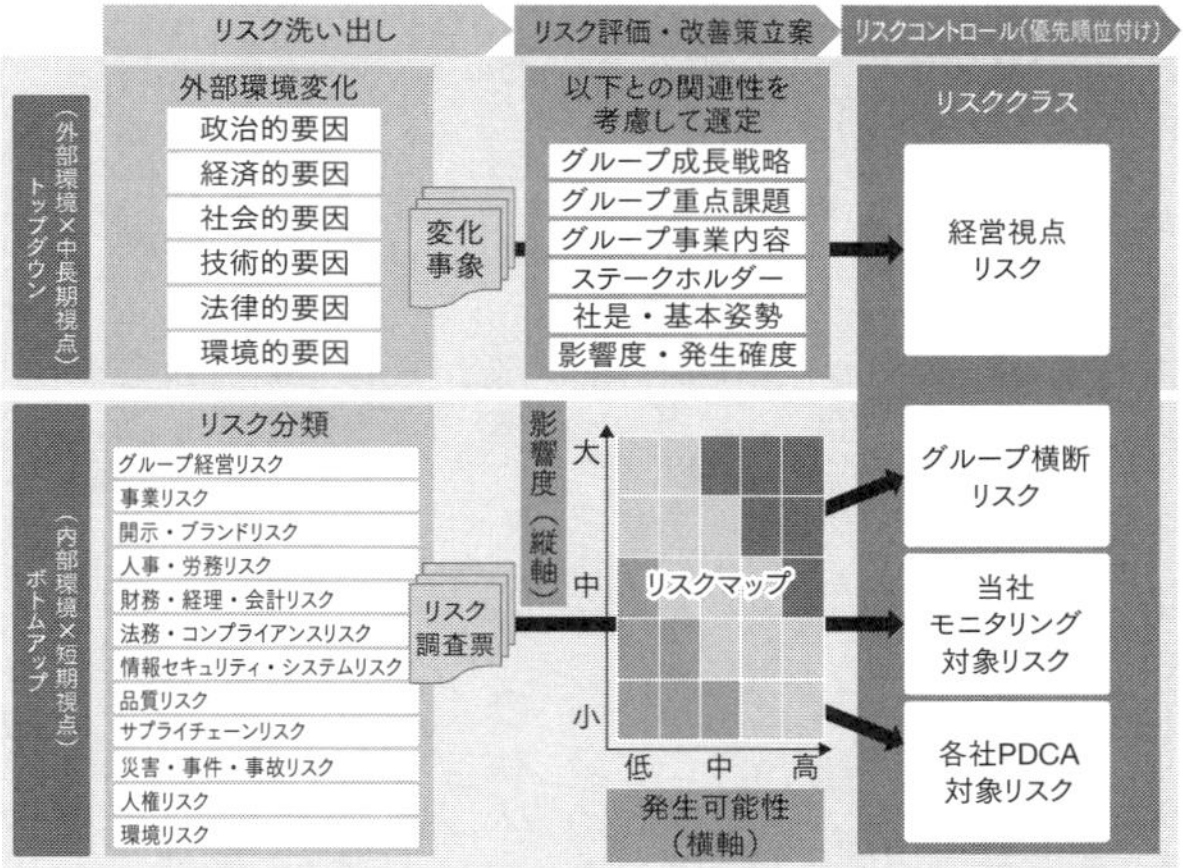

また、各種リスクを主に重要性、共通性、顕在性、効率性の観点で総合的に判断の上、4つのリスククラスに分け、それぞれのリスククラスに応じて当社と当社グループ各社における役割と責任を明確化し、各種リスクの改善活動をその主体者が実施することで、グループ全体のリスク管理の実効性を高めています。

リスククラス	定義	役割・責任	
		改善活動	モニタリング
経営視点リスク	中長期的に当社グループへの影響度が高く、かつグループ全体で統一した考え方で対応すべき性質を持つリスク	当社	当社
グループ横断リスク	グループ全体に共通し、かつリスクが相対的に高く、効率性の観点から横断的に対応すべき性質を持つリスク	当社	当社
当社モニタリング対象リスク	リスクが相対的に高く、当社グループ各社で個別に対応すべき性質を持つリスク	各社	当社
各社PDCA対象リスク	上記以外の、当社グループ各社で個別に対応すべき性質を持つリスク	各社	各社

［出所］　金融庁「記述情報の開示の好事例集 2024」

項）。図表3－9は、繰り返しを避けて、「事業等のリスク」においてリスク管理を開示している事例です（一部抜粋）。

セブン&アイ・ホールディングスは、リスク管理体制、リスク管理のPDCAサイクルを右側で、リスク評価のプロセスを左側で図示しています。このような開示により、サステナビリティを含むリスク管理プロセスの全体像を示しています。

図表3－9は一部抜粋のため掲載されていませんが、同社の有価証券報告書では「当社グループの主要なリスク」が続けて開示されています。具体的な内容として、中長期視点リスクについて、政治・経済・社会・技術・環境面における10のリスクを取り上げ、それぞれの想定リスクシナリオと取り組み内容の事例を開示しています。また、短期視点リスクについては、グループ横断的なリスクの内容、影響度、発生可能性を示すとともに、重要な12のリスク事象（サプライチェーンリスクや環境リスクを含む）について、リスク内容、リスククラス、想定リスクシナリオ、対策を開示しています。

日本基準におけるリスク管理の開示の目的は、「サステナビリティ（気候）関連のリスクと機会を識別し、評価し、優先順位付けし、モニタリングするプロセスを理解すること」および「企業の全体的なリスク・プロファイルおよび全体的なリスク管理プロセスを評価すること」をできるようにすることです（一般基準28項、気候基準40項）。

この目的を達成するために、リスク管理に関して、次の3つの事項に関する情報の開示が求められています（一般基準29項、気候基準41項）。

1. リスク管理のプロセスと関連する方針―リスクを識別し、評価し、優先順位付けし、モニタリングするために用いるプロセスと関連する方針

2. 機会管理のプロセス―機会を識別し、評価し、優先順位付けし、モニタリングするために用いるプロセス

3. 全体的なリスク管理プロセスへの統合―これらのプロセスが、全体的なリスク管理プロセスに統合され、用いられている程度、その統合方法と利用方法

これらの具体的な開示事項をまとめたものが図表3－10です。特にリスクについては、企業のインプット（データの情報源、対象となる事業の範囲など）、シナリオ分析、リスクの影響の評価方法、優先順位付け、モニタリング方法、プロセスの変更に関する情報の開示が求められます（一般基準29項）。

なお、TCFD提言ではリスクに関連したプロセスのみに焦点が当てられていましたが、IFRS「S基準」と日本基準では、リスクと機会の両方が対象となっています。これは、

図表3-10 リスク管理の開示事項

	一般基準	気候基準
1. リスク管理のプロセスと関連する方針	リスクを識別し、評価し、優先順位付けし、モニタリングするために用いるプロセスと関連する方針に関する情報（次の情報を含む） (1)インプット：企業が用いるインプット等（データの情報源、対象となる事業の範囲など） (2)シナリオ分析：リスクを識別するためにシナリオ分析を用いている場合は利用方法、または、用いていない旨 (3)評価方法：リスクの影響の性質、発生可能性、規模の評価方法 (4)優先順位付け：他のリスクと比べてサステナビリティ関連リスクの優先順位が高い場合の優先順位付けの方法、優先順位が高くない場合はその旨 (5)モニタリング方法：リスクをモニタリングする方法 (6)プロセスの変更：プロセスを変更した場合、その旨と変更の内容、または、変更していない旨	同左
2. 機会管理のプロセス	機会を識別、評価、優先順位付け、モニタリングするために用いるプロセスに関する情報	同左 気候関連のシナリオ分析を用いている場合はその利用方法、用いていない場合はその旨の情報を含む
3. 全体的なリスク管理プロセスへの統合	リスクと機会を識別し、評価し、優先順位付けし、モニタリングするために用いるプロセスが全体的なリスク管理プロセスに統合され、用いられている程度、その統合方法と利用方法に関する情報	同左

リスクと機会は、一般基準ではサステナビリティ関連のリスクと機会、気候基準では気候関連のリスクと機会を指す。

［出所］ 一般基準28-29項、気候基準40-42項をもとに筆者作成

リスクと機会が同じ不確実性の源泉からもたらされる、または、それに関連している可能性があるという考え方によるものです（一般基準BC57項）。

ここで再度、図表3－9のセブン&アイ・ホールディングスの事例をみると、「リスク管理のPDCA」では、リスクの洗い出し、リスクの評価と改善策の立案、優先順位付け、改善活動とモニタリングを実施していることが示されています。「リスク評価プロセス」では、内部環境・短期的視点でのリスクと、外部環境・中長期的視点での全社的リスクを対象とし、「リスクの洗い出し→リスク評価・改善策の立案→リスクコントロール（優先順位付け）」のプロセスでリスク評価を実施していることが記載されています。環境リスクや人権リスクなどのサステナビリティリスクが、全体的リスク管理プロセスに統合され、評価されていることがわかります。また、優先順位付けされたリスククラスごとに、リスク管理の役割と責任が開示されています。

このようなリスク管理情報が開示されることで、投資家等は、サステナビリティ（気候）関連の個々のリスクや機会が、リスク管理プロセスにおいてどのように識別され、評価され、優先順位付けされ、モニタリングされているか、全体的なリスク管理プロセスにどのように統合され、管理されているかを理解できるようになります。

(4) 指標と目標

4つ目のコア・コンテンツは指標と目標です。まず、図表3－11に示されている指標と目標の開示事例を確認してみましょう。

青山商事株式会社は、有価証券報告書（第60期：2023年4月1日〜2024年3月31日）の【サステナビリティに関する考え方及び取組】において、サステナビリティ全般に関するガバナンスやリスク管理、重要なサステナビリティ項目（気候変動、人的資本、人権）に関する考え方と取組（戦略、指標と目標）について開示しています。図表3－11は、気候変動に関する指標と目標の開示内容を示したものです（一部抜粋）。

図表3－11において、青山商事は、2050年カーボンニュートラルに向けた排出削減の目標設定と、温室効果ガス排出量スコープ（Scope）1・2について、青山商事単体の基準年（2013年）の排出量と過去3年間の実績と推移、ならびに国内・海外の連結子会社の排出量の実績を開示しています。温室効果ガス排出スコープ3については、単体の実績と推移を開示しています。なお、カーボンニュートラルとは、温室効果ガス排出量を削減し、それでも残る排出量については植林・森林管理などによる吸収量を差し引き、合計を実質的にゼロにすることです。このような実績と推移が開示されることで、投資家等は、温室効果ガ

ス排出削減の目標と進捗状況を理解できます。

日本基準における指標と目標の開示の目的は、「サステナビリティ（気候）関連のリスクと機会に関連する企業のパフォーマンスを理解できるようにすること」です（一般基準30項、気候基準43項）。「指標」については、日本基準が要求している指標と、サステナビリティ関連のリスクと機会やそれに関連する企業のパフォーマンスを測定し、モニタリングするために企業が用いている指標に関する情報を開示します。「目標」については、企業が設定した目標や、法令で遵守を求められる目標がある場合、それらの目標の達成に向けた進捗などの情報を開示します（一般基準BC58項）。これらの開示目的を達成するために、図表3－12の開示事項が定められています。

指標と目標については、具体的なテーマに関する指標と目標をみた方が理解しやすいことから、以下では気候基準を取り上げて説明します。指標については、産業横断的指標等、産業別の指標、その他の気候関連の指標を、目標については気候関連の目標をみていきます。

なお、この指標と目標に関する定めは、気候基準全体の約半分を占めており、ボリュームが多いため、ここから指標と目標の説明が長く続きます。指標と目標の開示内容や測定方法を理解することは、サステナビリティへの対応の鍵となるため、じっくり読んでいただきた

図表 3-11　指標と目標の開示事例

青山商事株式会社　有価証券報告書（2024年3月期）P13-17

【サステナビリティに関する考え方及び取組】※一部抜粋

(1)

〈指標及び目標〉

気候変動をめぐる状況は一刻の猶予もなく、当社においても排出CO_2を削減していくことは責務であると認識しています。そのために2013年度から青山商事単体のScope1・2の算出を実施してまいりました。また2022年度より、算定範囲を連結子会社まで拡大することといたしました。現状を把握した上で、省エネ・再生可能エネルギー導入拡大を推進し、2050年カーボンニュートラル、また2024～2026年度中期経営計画においては2026年度にCO_2排出量2013年度比59％削減（Scope1＋2）を目標としています。

なお、2022年度単体においては、2013年度比40.6％の削減となっております。

■Scope1・2の実績と推移（単体）　（単位：t-CO_2）

項目	2013年度	2020年度	2021年度	2022年度
Scope1	172	676	796	1,094
Scope2（Market-based）	84,984	61,696	52,784	49,463
Scope1＋2合計	85,156	62,372	53,580	50,557

■Scope1・2の実績（単体を除く 国内・海外 連結子会社 合計23社）

項目	2022年度
Scope1	5,509
Scope2（Market-based）	20,477
Scope1＋2合計	25,986

好事例として着目したポイント

(1) Scope1～3について複数年の実績を定量的に記載するとともに、Scope3はカテゴリーごとの内訳も定量的に記載

(2) 保証会社と保証にあたり準拠している基準を明記したうえで、Scope1～3について第三者保証を受けている旨を記載

■Scope3の実績と推移（単体）　（単位：t-CO_2）

項目／カテゴリ		2020年度	2021年度	2022年度
Scope3合計		381,596	358,807	445,696
カテゴリ1	購入した製品・サービス	343,233	319,678	406,416
カテゴリ2	資本財	9,173	9,106	8,916
カテゴリ3	Scope1、2に含まれない燃料及びエネルギー関連活動	8,420	7,666	7,227
カテゴリ4	輸送、配送（上流）	12,620	15,862	16,366
カテゴリ5	事業から出る廃棄物	2,739	2,297	2,200
カテゴリ6	出張	500	295	420
カテゴリ7	雇用者の通勤	1,307	1,434	884
カテゴリ8	リース資産（上流）	算定対象外	算定対象外	算定対象外
カテゴリ9	輸送、配送（下流）	算定対象外	算定対象外	算定対象外
カテゴリ10	販売した製品の加工	算定対象外	算定対象外	算定対象外
カテゴリ11	販売した製品の使用	算定対象外	算定対象外	算定対象外
カテゴリ12	販売した製品の廃棄	3,603	2,469	3,268
カテゴリ13	リース資産（下流）	算定対象外	算定対象外	算定対象外
カテゴリ14	フランチャイズ	算定対象外	算定対象外	算定対象外
カテゴリ15	投資	算定対象外	算定対象外	算定対象外

(2)

■第三者保証について

2022年度（単体）Scope 1・2・3の実績については、排出量データの信頼性向上を目的として、一般財団法人日本品質保証機構（JQA）に第三者検証を依頼し、検証報告書を取得しています。

※青山商事の算定データ及び算定方法について、ISO14064-3に準拠した検証となります。

なお、環境・気候変動に関する具体的な取組み内容は、ESGデータブックにて紹介しておりますのでご参照ください。
https://www.aoyama-syouji.co.jp/ir/esg/#esg_detail_04

［出所］　金融庁「記述情報の開示の好事例集 2024」

図表 3-12　指標と目標の開示事項

	一般基準	気候基準
指標	企業の見通しに影響を与えると合理的に見込みうるリスクと機会のそれぞれについての次の事項 (1)基準の指標：日本基準が要求している指標 (2)企業の指標：リスクまたは機会、それに関連する企業のパフォーマンスを測定し、モニタリングするために企業が用いている指標	1. 産業横断的指標等 (1)温室効果ガス排出 (2)気候関連の移行リスク (3)気候関連の物理的リスク (4)気候関連の機会 (5)資本投下 (6)内部炭素価格 (7)報酬 2.産業別の指標 3.その他の気候関連の指標
目標	戦略的目標の達成の進捗をモニタリングするために設定した目標、法令で遵守を求められる目標がある場合、その目標の情報および目標のそれぞれについての次の事項 (1)目標の指標：目標を設定し、その達成の進捗をモニタリングする指標 (2)定量的または定性的目標：企業が設定したか遵守が要求される具体的な定量的または定性的目標 (3)適用期間：目標が適用される期間 (4)基準期間：進捗を測定する基礎となる期間 (5)マイルストーンと中間目標：あればその内容 (6)パフォーマンス：目標のそれぞれに対する企業のパフォーマンス (7)トレンドまたは変化：企業のパフォーマンスのトレンドまたは変化の時系列分析 (8)目標の変更：目標を変更した場合、その旨と内容	戦略的目標の達成の進捗をモニタリングするために設定した定量的・定性的な気候関連の目標、法令で遵守を求められる目標がある場合、その目標の情報および目標のそれぞれについての次の事項 1. 気候関連の目標についての次の事項 (1)目標の指標 (2)定量的または定性的目標 (3)目標の目的 (4)適用範囲 (5)適用期間 (6)基準期間 (7)マイルストーンと中間目標 (8)絶対量目標か原単位目標か (9)国際協定の反映 2. 目標のそれぞれを設定しレビューするアプローチ、進捗をモニタリングする方法 3. 目標のそれぞれに対する企業のパフォーマンス、そのトレンドまたは変化の時系列分析 4. 温室効果ガス排出目標については次の事項も開示 (1)7種類のガスのうち目標の対象になっているもの (2)スコープ1〜3排出のうち目標の対象になっているもの (3)総量目標または純量目標のいずれによるものか (4)セクター別脱炭素アプローチを用いて算定されたか (5)使用する計画があるカーボン・クレジットの説明

リスクと機会は、一般基準ではサステナビリティ関連のリスクと機会を指す。

［出所］　一般基準 30-39 項、気候基準 43-99 項をもとに筆者作成

いと思います。

まず、気候基準の産業横断的指標等は、全産業に共通する重要な指標です。企業がこれらの指標を事業で用いていない場合であっても、開示が求められます。これらの指標は投資家等によって有用となる可能性が高い情報であり、それらを入手できるようにするためです。ただし、企業に対してこれらの指標を用いて事業を管理することを要求するものではありません（気候基準BC106項）。

図表3－12で示すように、気候基準では7つの産業横断的指標の開示が求められています（気候基準46項）。

- 温室効果ガス排出
- 気候関連の移行リスク
- 気候関連の物理的リスク
- 気候関連の機会
- 資本投下
- 内部炭素価格
- 報酬

多くの企業が現在、これらの産業横断的指標等の開示に向けた準備を進めているところでしょう。ここからは、産業横断的指標等の具体的な内容について、順にみていきます。

〈温室効果ガス排出〉

産業横断的指標等の一つ目は、温室効果ガス排出です。企業活動に関連する温室効果ガス排出の全体像を把握することは、企業が直面するリスクを理解し、適切な対応を講じ、機会につなげるために欠かせません。また、多くの企業が掲げる2050年カーボンニュートラルの目標を達成するためには、バリュー・チェーン全体の視点から、取引先や顧客と協力して削減を図ることが不可欠です。

そこで、温室効果ガス排出について、自社の直接排出量（スコープ1）および間接排出量（スコープ2）だけではなく、バリュー・チェーンの上流や下流の排出量等（スコープ3）のそれぞれの絶対総量の開示が求められます（気候基準47項）。排出量は、二酸化炭素（CO_2）相当量のメートルトン（mt（e））などの単位で表示します（気候基準48項）。

スコープ1、スコープ2、スコープ3の説明については、「解説　温室効果ガス排出のスコープ1、スコープ2、スコープ3とは」をご覧ください。なお、気候基準でスコープ3を含む温室効果ガス排出の開示が求められているのは、この開示が、IFRS「S基準」の根幹をなす要求事項であるためです。これを日本基準に取り入れない場合は両基準の明確な差異となり、国内外の市場関係者に比較可能性が大きく損なわれるとの印象をもたれる可能性があります。そのため、開示要求事項に取り入れた上で、企業の準備状況などに配慮して、基準の適用初年度には、スコープ3温室効果ガス排出を開示しないことができる経過措置が設けられています（気候基準103項）。

この温室効果ガス排出の測定は、原則として「温室効果ガスプロトコルの企業算定及び報告基準（2004年）」（以下、GHGプロトコル（2004年））に従うことが求められます。このプロトコルは、排出量の正確な把握と透明性を確保するための国際的に標準化された枠組みです。ただし、法域の当局や企業が上場する取引所が異なる方法での測定を要求している場合には、その方法を用いることができます（気候基準49項）。

日本において、この異なる方法にあたるのが、「地球温暖化対策の推進に関する法律」（温対法）による温室効果ガス排出量算定・報告・公表制度です。温対法は2006年に施行され、一定規模以上の温室効果ガスを排出する特定排出者に対し、排出量を算定して国に報告することを義務付けています。

温対法で求められる排出は、概ねスコープ1とスコープ2に該当しますが、すでに多くの企業が温対法に基づいて排出量を算定していることから、日本基準ではこの方法を用いることが認められました。ただし、比較可能性を確保するために、温対法により測定した排出量に重要性がある場合は、温室効果ガス排出の絶対総量に加えて、その内訳として、GHGプロトコル（2004年）と温対法のそれぞれの方法により測定した排出量に分解して開示することが求められます（気候基準50項）。

温室効果ガスの測定方法については、「解説　温室効果ガス排出の測定方法を理解しよう」をご覧ください。

解説

温室効果ガス排出のスコープ1、スコープ2、スコープ3とは

サステナビリティ開示基準（IFRS「S基準」と日本基準）で開示が求められている温室効果ガス排出量のスコープ1、スコープ2、スコープ3とは、図表3－13の通りです（気候基準6項）。

図表 3-13　温室効果ガス排出量のスコープ1、スコープ2、スコープ3

スコープ1	企業が所有または支配する排出源から発生する直接的な温室効果ガス排出（自社の直接排出）
スコープ2	企業が消費する、購入または取得した電気、蒸気、温熱または冷熱（電気等）の生成から発生する間接的な温室効果ガス排出（自社の間接排出）
スコープ3	企業のバリュー・チェーンで発生する間接的な温室効果ガス排出であり（スコープ2排出に含まれないもの）、バリュー・チェーンの上流と下流の両方の温室効果ガス排出を含む

［出所］ 気候基準6項をもとに筆者作成

これらの関係を示したものが図表3－14です。スコープ3は、活動別に15のカテゴリーに区分されており、図表3－14中の①～⑮がこれらのカテゴリーに該当します。スコープ1、スコープ2、スコープ3の排出量を合計すると、企業のバリュー・チェーンの排出量（原材料調達、製造、物流、販売、廃棄など、事業活動に関連するすべての温室効果ガス排出量）が算出されます。

なお、バリュー・チェーンと似た用語にサプライ・チェーンがあります。バリュー・チェーンは、企業が価値を創造するプロセス全体を指し、生産やサービスなどの価値創造プロセス（価値連鎖）に焦点を当てています。一方、サプライ・チェーンは、原材料の調達から最終製品の顧客への提供までの供給連鎖に焦点を当てており、両者は視点がやや異なります。それでも、企業がバリュー・チェーンとサプライ・チェーンの両面から環境負荷の低減に取り組むことが重要である点に変わりはありません。スコープ1・2は、自社の排出を把握し、削減に役立てるものですが、スコープ3排出量はバリュー・チェーンを通して社会全体の排出削減に貢献するものなのです。

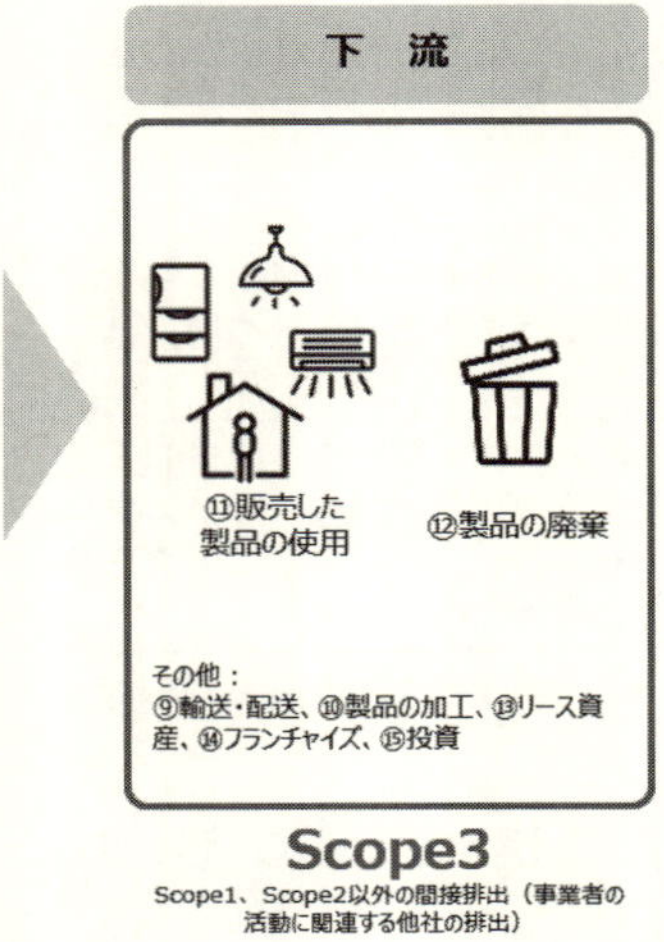

下流

⑨　下流の輸送・流通

⑩　販売した製品の加工

⑪　販売した製品の使用

⑫　販売した製品の廃棄処理

⑬　下流のリース資産

⑭　フランチャイズ

⑮　投資

図表3-14　温室効果ガス排出のスコープ1、スコープ2、スコープ3

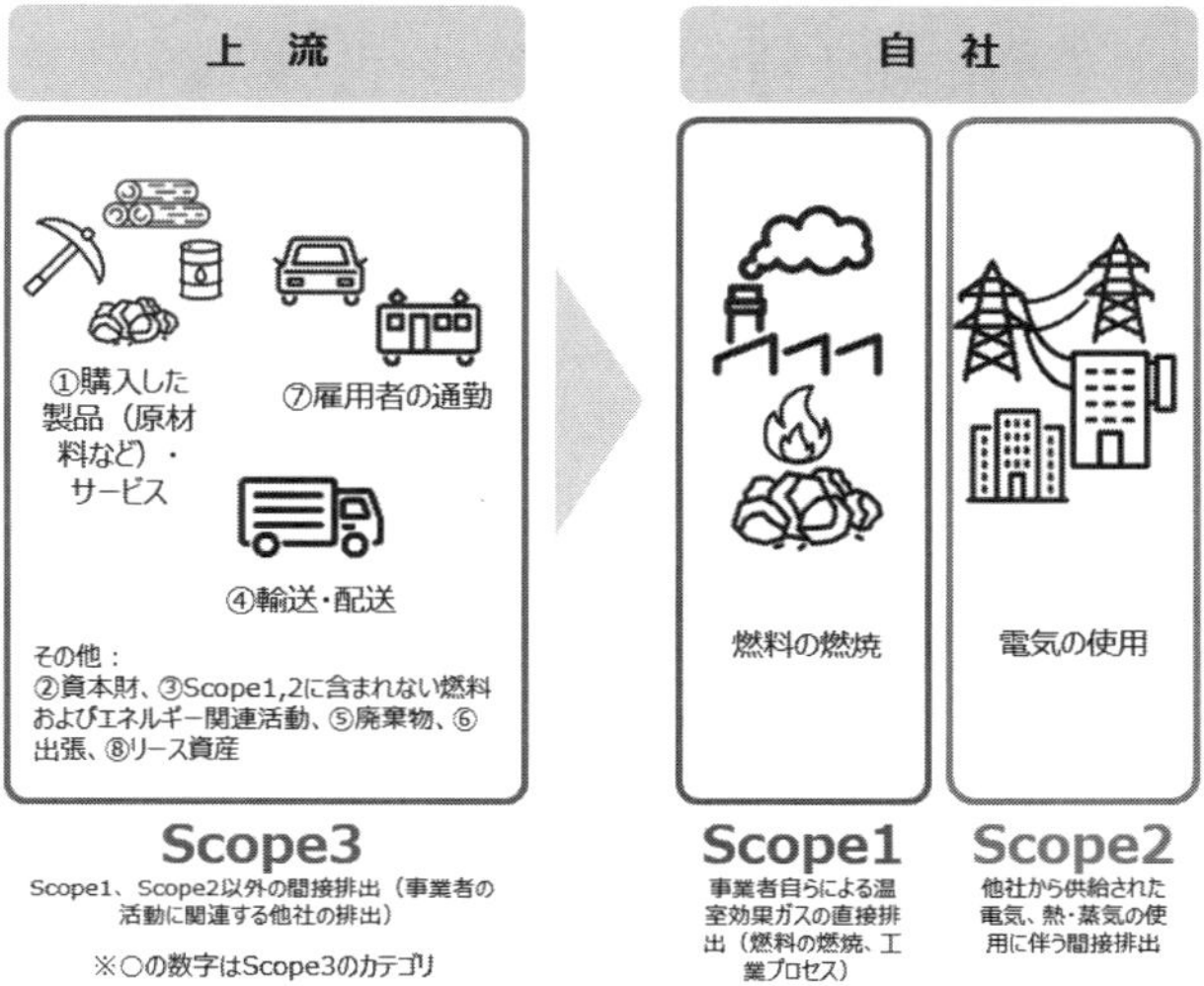

［出所］ 資源エネルギー庁「知っておきたいサステナビリティの基礎用語～サプライチェーンの排出量のものさし「スコープ1・2・3」とは」

スコープ3のカテゴリー1～15
上流
① 購入した製品・サービス
② 資本財
③ スコープ1・2に含まれない燃料・エネルギー関連の活動
④ 上流の輸送・流通
⑤ 事業において発生した廃棄物
⑥ 出張
⑦ 従業員の通勤
⑧ 上流のリース資産

スコープ1とスコープ2温室効果ガス排出の開示

温室効果ガス排出の開示要求についてみていきましょう。まず、スコープ1とスコープ2の温室効果ガス排出については、連結会計グループ（親会社とその連結子会社）とその他の投資先（関連会社、共同支配企業、非連結子会社など）の排出に分解して開示しなければなりません。これは、温室効果ガス排出の測定アプローチ（後述）によっては、連結範囲との相違が生じるため、集計される温室効果ガス排出量が明確になるようにするためです（気候基準52項、BC136項）。

スコープ2の温室効果ガス排出量については、ロケーション基準（後述の図表3－16参照）による排出量の開示が求められます。これは、購入電力の排出係数情報が入手しにくい地域・国であっても、ロケーション基準であれば算定が比較的容易であるためです（気候基準53項）。しかし、ロケーション基準では、その場所（地域や国）に適用される排出係数が一定であるため、企業の削減努力が反映されません。そこで、スコープ2温室効果ガス排出について、ロケーション基準による排出量の開示に加えて、投資家等の理解に情報をもたらすために必要な「契約証書に関する情報」がある場合には、その「契約証書に関する情報」も開示が求められます（気候基準54項）。

ここで、契約証書とは、エネルギー生成に関する属性と一体になっている電気等の購入契約、または、電気等の購入契約から分離された、エネルギー属性に着目して締結される契約のいずれかを満たすもので、例えば、再生可能エネルギー（太陽光、風力、水力など）で発電された電力にかかる「グリーン電力証書」などがあります。ただし、「契約証書に関する情報」はＩＦＲＳ Ｓ２号「気候関連開示」でも定義されておらず、その具体的な開示内容については、企業が表現しようとするものを忠実に表現するため、企業が置かれた状況に即して企業が判断することになります（気候基準ＢＣ１４４項）。

ＩＦＲＳ Ｓ２号では、企業が実際に購入した電力などの契約内容を基に測定するマーケット基準（図表３－16参照）による開示を求めていません。それは、海外では市場の成熟度に違いがあるため、マーケット基準に基づく情報が適時に入手できない地域があるからです。しかし、日本では、温対法でマーケット基準による測定値を報告している企業もあるなど、マーケット基準に基づく排出係数の情報を比較的適時に入手できる環境が整っているといえます。

そこで、日本基準では、ＩＦＲＳ Ｓ２号の要求事項であるロケーション基準による開示を取り入れつつ、「契約証書に関する情報」に代えて、「マーケット基準によるスコープ2温室効果ガス排出量」を開示することもできます（気候基準54項）。マーケット基準で測定された数値には、（再生可能エネルギーの導入などの）企業の温室効果ガス排出削減努力の実態がより忠実に反映されるため、日本基準では、ロケーション基準の測定値とあわせて開示することで、より有用な情報を提供することができます。

スコープ3温室効果ガス排出の開示

スコープ3温室効果ガス排出の絶対総量については、GHGプロトコル（2004年）を補足する「温室効果ガスプロトコルのコーポレート・バリュー・チェーン（スコープ3基準）」（2011年）に従い、スコープ3のカテゴリー別に分解して開示することが求められます（気候基準55項）。これは、カテゴリー別に分解して開示することで、性質や時間軸が異なるさまざまな活動からの温室効果ガス排出を、排出源別に示すことができるからです（気候基準BC148項）。ただし、スコープ3温室効果ガス排出に含まれるカテゴリーは、企業の事実や状況によって異なります。企業は、15のカテゴリーすべての「関連性」を考慮することが求められるものの、すべてのカテゴリーが企業に適用されるわけではありません（気候基準BC149項）。スコープ3のカテゴリーは図表3－14をご参照ください。

なお、重大な事象や変化が発生した場合には、バリュー・チェーンを通じて、影響を受けるすべての気候関連のリスクと機会の範囲を再評価しなければなりません。この再評価には、スコープ3温室効果ガス排出の測定において、スコープ3カテゴリーのどのカテゴリーおよびバリュー・チェーンのどの企業を含めるかについての再評価が含まれます（気候基準75項）。

また、資産運用、商業銀行、保険に関する活動を行う場合は、スコープ3のカテゴリー15（投資）において、投資先や融資先の温室効果ガスの総排出のうち、投資や融資に帰属する部分（ファイナンスド・エミッション）を開示する必要があります。なぜなら、排出が多い投資先や融資先はそのリスクの影響を受けやすく、ひいては、金融機関自体も影響を受ける可能性があるからです。そのため、金融機関では、自身のファイナンスド・エミッションを測定し、モニタリングし、管理するようになっています。そこで、気候基準では、金融機関自身の気候関連のリスクと機会のエクスポージャー、および、金融活動を時間の経過とともにどのように適応させる必要があるかの指標として、ファイナンスド・エミッションの開示が求められるのです。なお、資産運用、商業銀行、保険を業として営むことについて法令による規制を受けていないときは、この開示は必要ありません（気候基準6項、57－59項、

BC150−151項、BC159項)。ファイナンスド・エミッションに関する詳細は、気候基準の「別紙Cファイナンスド・エミッション」に記載されていますので、そちらをご参照ください。

解説　温室効果ガス排出の測定方法を理解しよう

〈温室効果ガス排出はどうやって測定するの——直接測定と見積り〉

温室効果ガス排出を測定する方法には、直接測定と見積りの2つの方法があります。

- 直接測定は、計器などを用いて排出量を直接モニタリングする方法であり、そのデータに地球温暖化係数を乗じてCO_2相当量に変換します。この方法は正確な証拠を提供しますが、計器の設置や運用にコストがかかります。
- 見積りによる方法は、自社の電気使用量や原材料調達量などの活動量を把握し、その活動量に対応する排出係数（例えば、電気1kWh使用あたりのCO_2排出量など）を乗じて温室効果ガス排出量を算出する方法です（図表3−15の式参照）。

図表 3-15　温室効果ガス排出量の算出式と削減

温室効果ガス排出量 ＝ 活動量 × 排出係数* （活動量当たりの排出量）

*排出係数がCO_2相当量に変換したものでない場合は、これに地球温暖化係数を乗じる

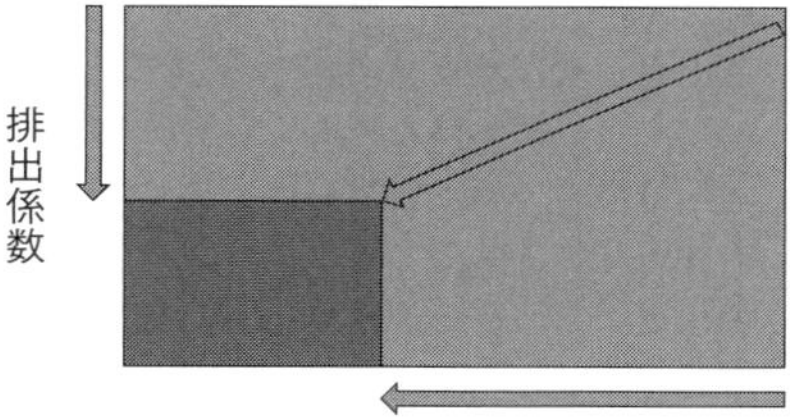

［出所］筆者作成

　このように算出した温室効果ガス排出量について、横軸に活動量、縦軸に排出係数（活動量当たりの排出量）をとると、図表3－15に示す四角形の面積として視覚的に表現できます。温室効果ガス排出量を削減するには、横軸の活動量（エネルギー使用量等）を減らすか、縦軸の排出係数を下げるか、またはその両方を実施することで、四角形の面積を小さくしていく必要があります。

〈スコープ2排出量の測定〉

　スコープ2は、購入した電気等の生成にあたり他社（電力事業者等）で発生する間接的な排出であるため、直接測定ができ

図表 3-16　ロケーション基準とマーケット基準

	ロケーション基準	マーケット基準
排出係数	地域や国などの場所におけるエネルギー生成に関する平均的な排出係数（電気事業者別排出係数など）を用いてスコープ2温室効果ガス排出を測定する方法	電気等の購入契約および分離された契約証書（グリーン電力証書など）の内容を反映してスコープ2温室効果ガス排出を測定する方法
適用場面	電力供給元が特定できない場合や、平均排出量を把握したい場合	電力供給元を選択でき、供給元や契約証書が特定できる場合

［出所］気候基準 6 項をもとに筆者作成

ず、図表3－15の式を用いて見積りによって測定します。その場合の排出係数として、図表3－16に示すように、地域の電力事業者等による平均的な排出係数を用いるロケーション基準と、企業が購入した電力の排出係数を反映するマーケット基準の2つの方法があります（気候基準6項）。

ロケーション基準ではその場所（地域や国）に一定の排出係数を適用するため、購入電力の排出係数情報が入手しにくい地域・国であっても算定が容易で、比較可能性が高い情報です。そのため、まずはロケーション基準による排出量の開示が求められています。

しかし、この方法では、再生可能エネルギーで発電された電力（グリーン電力）を導入しても、電力消費量が変わらない限り、排出量の削減が反映されません。そこで、IFRS S2号では、図表3－16のマーケット基準の排出係数のもととなる契約証書を有している場合で、投資家等に有用であれば、その契約証書に関する情報を開示することとしているのです。

ただし、企業の温室効果ガス排出削減の努力の実態を反映するには、契約証書の情報だけでは不十分であり、電力等の契約内容に基づく排出係数を用いて測定するマーケット基準が望ましいといえます。そのため、日本基準では、ロケーション基準による開示に加えて、「契約証書に関する情報」または「マーケット基準による排出量」のいずれかの開示を求めています。マーケット基準による測定値の開示を選択肢に追加することで、企業の排出削減の取り組みが投資家等によりわかりやすくなります。

〈スコープ3排出量の測定〉

スコープ3排出量は、バリュー・チェーン上の他社（取引先など）の排出を含むため、多くの企業にとっては、スコープ1とスコープ2に比べて、排出量が多くなる傾向があります。このスコープ3排出量を適切に見える化（測定）することができれば、取引先と協力して効果的な削減の取り組みにつなげることができます。ただし、スコープ1・2が自社の排出であるのに対し、スコープ3はバリュー・チェーン上の他社の排出を把握する必要があるため、測定が難しいとされています。

では、どのように測定すればよいのでしょうか。測定方法には、前述の直接測定と見積り、および、その組み合わせがあります。直接測定では取引先ごとに排出データを入手しなければならないため、一般的には見積りによって測定されます。その場合、図表3－15の式における活動量と排出係数については、例えば、図表3－17に示すようなものがあり、企業の活動を最も表現する活動量と、その活動量に対応する排出係数を用います（気候基準67項）。

スコープ3排出の測定に使用するアプローチ（後述の図表3－19参照）や、測定にあたって用いる要素や仮定を選択するにあたっては、企業が過大なコストや労力をかけずに利用可能な、合理的かつ裏付け可能な情報を用いなければなりません。また、利用可能なデータのうち、スコープ3温室効果ガス排出の測定に用いる要素や仮定に組み込むものは、図表3－18のように決定しなければなりません（気候基準69－70項）。スコープ3測定の詳細は、気候基準の「別紙Bスコープ3測定フレームワーク」をご参照くださ

図表3-17　スコープ3温室効果ガス排出測定における活動量と排出係数

活動量	図表3-14における15の各カテゴリーの活動として例えば次のものを用います。 カテゴリー①では、購入した製品・サービスの購入金額・数量 カテゴリー④では、上流の輸送・流通の手段ごとの移動距離・量 カテゴリー⑪では、販売した製品の耐用年数・エネルギー消費量など
排出係数	15の各カテゴリーの活動に対応した排出係数（例えば、環境省・経済産業省、GHGプロトコル、各国政府機関等の排出原単位データ）を用います。

［出所］環境省・経済産業省「サプライチェーンを通じた温室効果ガス排出量に関する基本ガイドライン」をもとに筆者作成

い。

ここまで読んで、排出係数に地域・国で一律の排出係数（例えば、産業連関表等に基づく標準的な排出原単位）を使用する計算方法では、「同じ排出係数を掛ける計算では、企業間で差がつかないのではないか」、あるいは「活動量を減らすには、事業規模を縮小するしか方法がないのではないか」と思う人もいるかもしれません。

これに対して、活動量をより詳細に把握することで、事業規模の縮小を伴わずに活動量を減らすことが可能性となる場合があります。企業によっては、独自の排出量算定システムを構築し、上流・下流の取引先企業に協力を依頼して1次データを直接収

図表3-18　スコープ3温室効果ガス排出測定において優先するデータ（順不同）

直接測定データ	モニタリング装置や計測機器で排出量を直接的に測定したデータがあれば優先します。
1次データ	実際の活動に基づき、取引先等から直接入手した1次データがあれば優先します。データ・プロバイダーのデータや政府統計等の産業平均データを含む2次データは、企業活動を忠実に反映しているかを考慮して使用します。
適時データ	活動や排出が行われた地域・国、活動を遂行する方法を忠実に表現する適時のデータがあれば優先します。
検証済みデータ	検証されたデータがあれば優先します。

［出所］ 気候基準70項、別紙Bをもとに筆者作成

集し、排出量を測定する取り組みを開始しています。1次データが優先されるのは、図表3－18の通りです。これにより、削減努力の見える化も可能となります。

さらに、部品・資材の低炭素化や輸送手段の見直しなど、取引先と連携して排出削減の取り組みを行い、バリュー・チェーン全体の排出削減と最適化を図る企業も出てきています。今後、そのような対応が増えていくことが予想されます。

先進的な企業では、再生可能エネルギー電力の購入などで排出係数を減らす取り組みはかなり進んでおり、次はイノベーションやビジネス・モデルの変革によって活動量を削減することに焦点が当たっていくでしょう。イ

ノベーションを推進するために、異業種の企業や大学・研究機関との連携など、従来の自社のビジネスの枠を越える試みも始まっています。スコープ3排出量の開示は、こうした動きをさらに促進することになるでしょう。

測定アプローチと測定方法の開示

サステナビリティ関連財務開示は、財務諸表と同じ報告企業が作成することが求められますので、連結財務諸表を作成する企業は、子会社等を含むグループ全体の温室効果ガス排出を集計する必要があります。グループ全体の温室効果ガス排出を集計する範囲を決定する方法を測定アプローチといい、GHGプロトコルでは、図表3－19のいずれかのアプローチを選択することが求められています（気候基準6項、60項）。

どのアプローチを選択するかによって、直接排出として計上される活動と間接排出として計上される活動に違いが生じます。そのため、選択した測定アプローチ、選択した理由、その測定アプローチが気候関連の指標と目標の開示目的と関連しているか、測定アプローチを変更した場合はその内容と変更理由を開示することが求められます（気候基準61項）。

図表 3-19　温室効果ガス排出を集計する範囲を決定する測定アプローチ

測定アプローチ	概要	排出量の含め方
持分割合アプローチ	子会社等の排出量のうち、持分割合に相当する部分を、報告企業の排出量に含めるアプローチ	持分割合に相当する部分を含める
経営支配力アプローチ	子会社等の意思決定機関に対する支配力を通じて経営方針を決定する力を持つ場合、持分割合によらず、子会社等の排出量の100％を報告企業の排出量に含めるアプローチ	子会社等の排出量を100％含める
財務支配力アプローチ	子会社等の活動から経済的利益を得る目的で、契約等により財務方針を決定する力を持つ場合、持分割合によらず、経済的実質を反映する割合において子会社等の排出量を報告企業の排出量に含めるアプローチ	経済的実質を反映する割合で含める

［出所］　気候基準６項をもとに筆者作成

また、温室効果ガス排出の測定方法について、直接測定の場合は排出量の情報および測定の仮定、見積りの場合は活動量・排出係数の情報および測定の仮定、測定方法の選択理由、測定方法を変更した場合は変更内容と変更理由を開示しなければなりません（気候基準63項）。

なお、スコープ3温室効果ガス排出の測定アプローチ、測定にあたって用いる要素や仮定の選択にあたっては、合理的で裏付け可能な情報を用います。また、その要素や仮定に組み込むものは、図表

3−18のように決定しなければなりません（気候基準69−70項）。

重大な事象や状況の変化が生じた場合は、バリュー・チェーンを通じて、影響を受けるすべての気候関連のリスクと機会の範囲を再評価しなければなりません。この際には、スコープ3温室効果ガス排出の測定において、スコープ3のどのカテゴリーおよびバリュー・チェーン上のどの企業を含めるかも再評価します（気候基準75項）。

ここまで、産業横断的指標等の温室効果ガス排出についてみてきました。ここからは、温室効果ガス排出以外の産業横断的指標等についてみていきます。これらの開示を作成するにあたっては、次の5つのことを考慮しなければなりません。それは、気候関連のリスクと機会の影響が生じると合理的に見込みうる時間軸、ビジネス・モデルとバリュー・チェーンにおいて気候関連のリスクと機会が集中している部分、気候関連のリスクと機会が財政状態・財務業績およびキャッシュ・フローに与える影響、産業別の指標の利用可能性、関連する財務諸表とのつながりです（気候基準77項）。

それでは、温室効果ガス排出以外の産業横断的指標等について順に説明します。

〈気候関連の移行リスク、物理的リスク、機会〉

図表3－12の産業横断的指標等の(2)～(4)の気候関連の移行リスク、物理的リスク、機会についてみていきます。気候関連の移行リスクとは、低炭素社会への移行を進める取り組みの過程で生じるリスクであり、政策や規制の変更、市場や業界の動向、技術の進歩、レピュテーション（評判）の変化によって企業が被るリスクのことです。物理的リスクとは、すでに進行している気温上昇の影響で生じるリスクを指し、豪雨、大型台風、海面上昇、水不足などの災害による物理的被害を含みます。機会とは、気候変動から生じる企業にとっての潜在的なポジティブな影響のことをいいます（気候基準4項）。

このような気候関連の移行リスク、物理的リスク、機会に関する情報が開示されることで、企業のどの部分に気候関連のリスクと機会があるのか、その規模がどの程度なのかを理解できるため、投資家等にとって有用な情報といえます。そこで、企業は、気候関連の移行リスク、物理的リスク、機会に関して次の情報を開示することが求められます（気候基準79－81項、BC182－183項）。

●移行リスクに対して脆弱な資産または事業活動の数値とパーセンテージまたは規模に関する情報

●物理的リスクに対して脆弱な資産または事業活動の数値とパーセンテージまたは規模に関する情報
●機会と整合した資産または事業活動の数値とパーセンテージまたは規模に関する情報

気候関連の移行リスク、物理的リスク、機会に関する情報は、金額であることが多いと考えられますが、金額以外も排除しないという意味で「数値」という用語が用いられています（気候基準BC184項）。また、「規模」の開示は、IFRSS2号にはありませんが、日本の気候基準には含められました。これは、定量的情報の開示が望ましいものの、定性的情報を含め、企業が表現しようとするものをより忠実に表現できる方法を認めることが適切と考えられたためです。開示対象となる資産または事業活動の規模については、これまでの任意開示の実態を踏まえ、企業が定量的な範囲を定め、その範囲の説明とともに「大」「中」「小」といった規模を示す情報を開示することが考えられます（気候基準BC186項）。

なお、「リスクに対して脆弱な資産または事業活動」や「機会と整合した資産または事業活動」が何を意味するかについては、IFRSS2号においても明確に説明されていません。そのため、企業が表現しようとするものを忠実に表現するため、企業の置かれた状況に即して、その範囲を画定するための考え方を企業が整理した上で、その考え方に従って開示の対象とする資産または事業活動を決定することが考えられます。この場合、企業間の比較可能性を確保するために、どのような資産または事業活動が含まれるのかもあわせて開示することが考えられます（気候基準BC187－189項）。

これらの気候関連の移行リスク、物理的リスク、機会の開示を作成するにあたっては、合理的で裏付け可能な情報を用いなければなりません（気候基準78項）。

解説 気候関連の物理的リスクをどう金額評価する？

気候関連のリスクには、低炭素経済への移行に関するリスク（移行リスク）と、気候変動の物理的影響に関するリスク（物理的リスク）があることはすでにみてきました。物理的リスクは、さらに、洪水や台風の深刻化・増加などの突発的なリスク（急性リスク）と、降雨・気象パターンの変化や海面上昇などの長期にわたるリスク（慢性リスク）に分類されます。

近年、世界的に洪水や台風などの災害発生件数が増加し、それに伴う経済損失額も拡大しています。このような状況を背景に、企業の事業継続計画（Business Continuity

Plan：BCP）の観点からも物理的リスク評価、特に洪水リスク評価が重要視されており、すでに多くの企業が評価を実施しています。そこで、洪水リスクを取り上げ、物理的リスクの金額をどのように評価するかをみていきましょう。評価手法の手順は図表3－20の通りです。

洪水リスクの評価と開示は、図表3－20の①～③の流れで実施します。

①現在の洪水リスクの把握（スクリーニング）

まず、現在の洪水リスクがどの程度あるのかを把握（スクリーニング）します。

②気候変動の影響による将来リスクの評価

気候変動の影響による将来的なリスクの変化（増減）やその程度を把握する定性的評価、または、被害額・損失額等の変化の定量的評価を行います。将来リスクの定量的評価は、図表3－21のように行います。

③リスクの開示

財務的影響が重要なものを物理的リスクの洪水リスクとして開示し、あわせてリスク管理および戦略等も開示します。

図表 3-20　物理的リスク（洪水リスク）の評価から開示まで

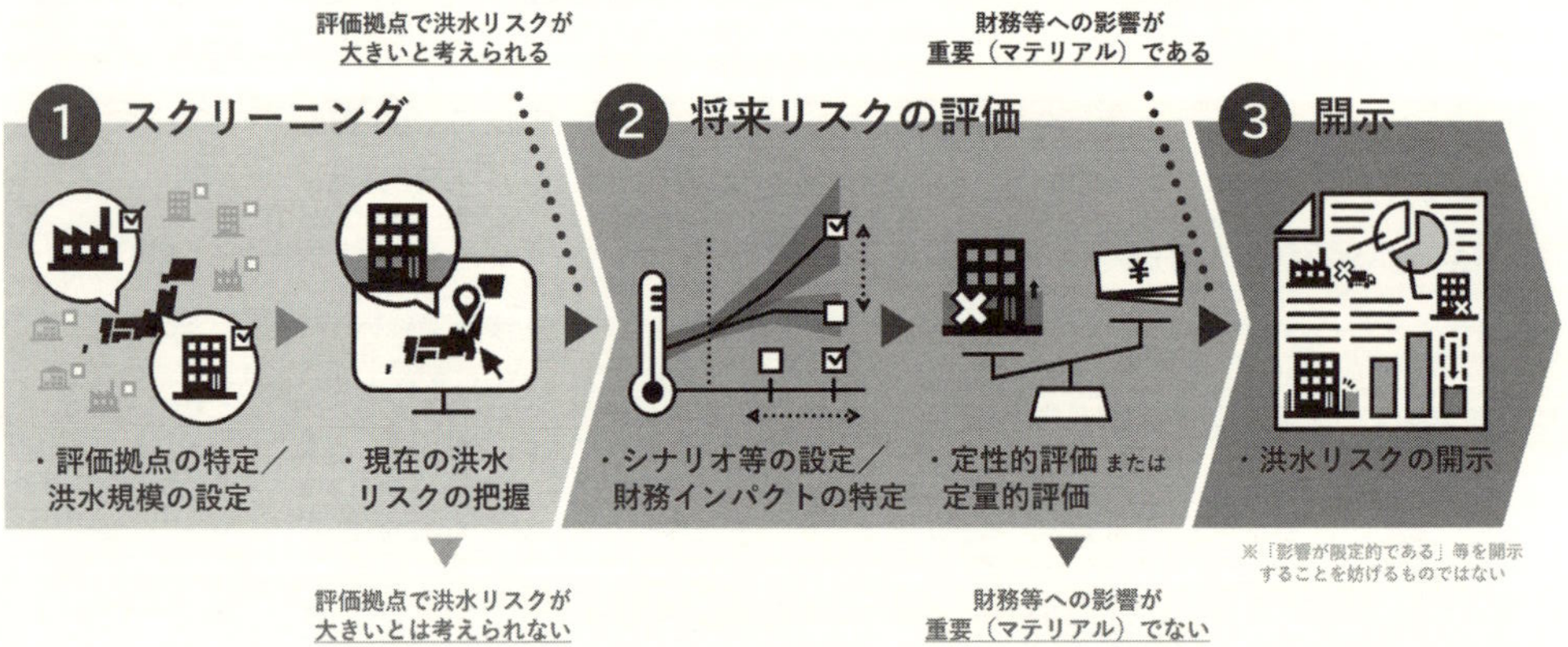

［出所］　国土交通省（2023）「TCFD 提言における物理的リスク評価の手引き」14 頁

図表 3-21　将来リスクの定量的評価

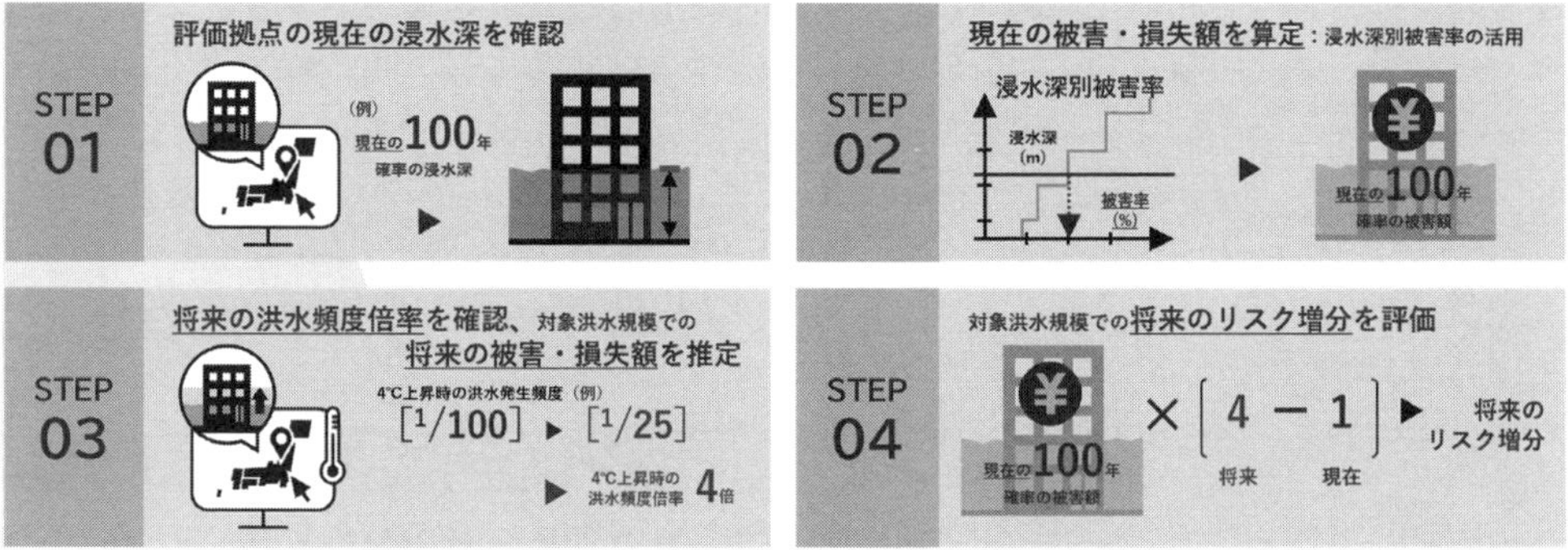

［出所］　国土交通省（2023）「TCFD 提言における物理的リスク評価の手引き　概要版」3 頁

このような物理的リスクの評価を通して、気候変動の影響による将来リスクを金額的に評価した上で、その結果に応じた適応策を講じることが重要です。具体的な適応策としては、浸水被害の回避・軽減を図るための対策や、事業の継続・早期復旧を図るためのマネジメント上の方策などがあります。これは、企業のリスク管理・戦略策定および事業継続計画のみならず、経済社会全体にとっても大切なことです。

〈資本投下〉

図表3－12の産業横断的指標等の(5)資本投下についてみていきます。識別した気候関連のリスクと機会に対応するために、企業が実際にどの程度の資本投下を行ったのかは、投資家等に有用な情報と考えられます。そこで、企業は、気候関連のリスクと機会に投下された資本、つまり、資本的支出、ファイナンスまたは投資の数値について開示しなければなりません。資本投下に関する情報は、金額であることが多いと考えられますが、金額以外も排除しないという意味で「数値」という用語が用いられています（気候基準82項、BC191項）。

この資本投下に何が含まれるのかについては、IFRS S2号においても明確に説明されていません。そのため、企業が表現しようとするものを忠実に表現するため、企業の置かれた状況に即して、その範囲を画定するための考え方を企業が整理した上で、その考え方に従って開示の対象とする資本的支出、ファイナンスまたは投資を決定することが考えられます。この場合、企業間の比較可能性を確保するために、どのような資本的支出、ファイナンスまたは投資が含まれるのかもあわせて開示することが考えられます（気候基準BC192－194項）。

資本投下は実績を示すものであり、開示作成のために必要なデータは財務諸表を作成する過程で把握されることから、開示のための追加的コストは少ないと考えられます（気候基準BC190項）。このような資本投下に関する情報が開示されることで、財務情報とのつながりも明確になります。

〈内部炭素価格〉

図表3－12の産業横断的指標等の(6)内部炭素価格についてみていきます。内部炭素価格とは、投資、生産、消費のパターンの変化、および、潜在的な技術上の進歩、将来の排出削減コストの財務的影響を評価するために企業が使用する価格のことです（気候基準6項）。主な内部炭素価格には、図表3－22のようなものがあります（気候基準BC195項）。

図表 3-22　主な内部炭素価格

シャドー・プライス	リスクの影響、新たな投資、プロジェクトの正味現在価値、取り組みの費用対効果などに対する温室効果ガス排出の経済的影響やトレードオフを理解するために用いる理論上のコストまたは名目上の金額。 例えば、内部炭素価格を温室効果ガス排出1トンあたり3,000円と設定し、あるプロジェクトが100トンのCO_2を排出するなら300,000円のコストがかかるとみなし、このコストを考慮に入れたうえで、プロジェクトの意思決定をします。温室効果ガス排出に伴うコストを見える化し、脱炭素に向けた投資意思決定などを促進します。
内部税または手数料	事業活動、製品ライン、事業単位に対して、温室効果ガス排出に基づいて請求される炭素価格。企業内移転価格に類似しています。 例えば、温室効果ガス排出1トンあたり3,000円の内部税を課す場合、ある事業単位が100トンのCO_2を排出するなら300,000円を負担することになります。排出にコストを課すことで、事業単位にとっては排出量を削減するインセンティブとなります。

［出所］ 気候基準 BC195 項をもとに筆者作成

このような内部炭素価格を意思決定に用いている場合には、その内容を開示することが投資家等にとって有用な情報となるといえます。そこで、企業が意思決定に内部炭素価格を用いている場合、次の情報の開示が求められます（気候基準83項）。

- 内部炭素価格の適用方法（例えば、投資判断、移転価格、シナリオ分析）
- 温室効果ガス排出に係るコストの評価に用いている内部炭素価格（温室効果ガス排出のメートル・トンあたりの価格）
- 内部炭素価格を意思決定に用い

ていない場合はその旨
内部炭素価格の開示を一律に求めるのではなく、意思決定に用いている場合に開示を求めていますので、開示のために企業に過度な負担がかかることはないと考えられます（気候基準BC196項）。

〈報酬〉

図表3－12の産業横断的指標等の最後の項目は「報酬」です。昨今、役員報酬の算定に、サステナビリティ関連の評価項目を組み込む事例が増えています（図表3－4の開示事例参照）。役員報酬にどのような項目が組み込まれるかによって、経営者がどのような項目を重視して経営を行うかに影響を与え、結果として企業のパフォーマンスにも影響を与える可能性があります。そのため、報酬に関する開示は、投資家等にとって有用な情報を提供すると考えられます（気候基準BC197項）。

そこで、役員報酬に気候関連の評価項目が組み込まれている場合は、次の情報を開示しなければなりません（気候基準84項）。
●気候関連の評価項目を役員報酬に組み込む方法

●当報告期間に認識された役員報酬のうち、気候関連の評価項目と結びついている部分の割合

また、気候関連の評価項目が役員報酬に組み込まれているものの、他の評価項目とあわせて役員報酬に組み込まれており、気候関連の評価項目に係る部分を区分して識別できない場合は、その旨を開示したうえで、気候関連の評価項目を含む評価項目全体について前記の情報を開示することができます（気候基準85項）。

気候関連の評価項目が役員報酬に組み込まれていない場合は、その旨を開示しなければなりません（気候基準84項）。

ここまで、産業横断的指標等（温室効果ガス排出、気候関連の移行リスク、気候関連の物理的リスク、気候関連の機会、資本投下、内部炭素価格、報酬）について解説してきました。具体的な指標をイメージしていただくために、ＩＦＲＳ Ｓ2号の付属ガイダンスにある、気候関連の移行リスク、気候関連の物理的リスク、気候関連の機会、資本投下の指標の例を、図表3－23に掲載します。なお、ＩＦＲＳ Ｓ2号の付属ガイダンスは、日本基準を適用するにあたり、「参照し、適用可能性を考慮することができる」ガイダンスの情報源として

図表 3-23　気候関連の産業横断的指標の例示

指標カテゴリー	指標の例
気候関連の移行リスク	●移行リスクに大きくさらされる不動産担保の金額 ●炭素関連資産へのクレジット・エクスポージャーの集中 ●石炭鉱業からの売上高の割合（%） ●「国際民間航空のためのカーボン・オフセットおよび削減スキーム」でカバーされない有償旅客キロの割合（%）
気候関連の物理的リスク	●洪水、熱ストレスまたは水ストレスにさらされる地域にある不動産、インフラまたはその他の代替資産のポートフォリオの割合 ●気候関連ハザードにさらされる実物資産の割合 ●100年確率洪水地帯における住宅ローンの件数と金額 ●100年確率洪水地帯内における排水処理能力 ●ベースラインの水ストレスが高いまたは極めて高い地域における取水および消費に関連する売上高
気候関連の機会	●低炭素経済への移行を支援する製品またはサービスからの売上高 ●エネルギー効率化および低炭素化技術に関連する正味収入保険料 ●(1) ゼロエミッション車、(2) ハイブリッド車、(3) プラグイン・ハイブリッド車の販売台数 ●引き渡した住宅のうち、第三者機関の多属性グリーンビルディング基準で認証されたものの割合
資本投下	●低炭素製品・サービスの研究開発への投資が年間売上高に占める割合 ●気候適応策への投資（例えば、土壌の健全性、灌漑およびテクノロジー）の割合

［出所］ IFRS S2号「気候関連開示」に関する付属ガイダンス　例示的ガイダンスより抜粋

位置づけられています。

〈産業別の指標およびその他の気候関連の指標の開示〉

産業別の指標の開示

産業横断的指標等に加えて、企業に関連する産業別の指標のうち、主なものを開示することが求められています。開示する産業別指標を決定するにあたっては、IFRS S2号「気候関連開示」の適用に関する産業別ガイダンス」に記述されている、開示トピックに関連する産業別の指標を参照し、適用可能性を考慮しなければなりません。考慮した結果、適用する場合もあれば、適用しない場合もあります（気候基準86項）。

この産業別ガイダンスは、SASBスタンダードをもとにしており、全540ページに及び、11セクター68業種に関する気候関連の開示トピック、指標、その解説などを提供しています。具体例として、「食肉、家禽および乳製品」業種の産業別の指標を、図表3－24に掲載します。

産業別ガイダンスは、各産業に共通するビジネス・モデルや活動に関連し、投資家ニーズの高い指標を示しています。これらの指標を活用することで、企業は自社にとってのリスク

図表3-24　産業別の指標の例（食肉、家禽および乳製品）

トピック	指標	カテゴリー
温室効果ガス排出	グローバルでの「スコープ1」の総排出	定量
	「スコープ1」の排出を管理するための長期的および短期的な戦略または計画、排出削減目標ならびにそれらの目標に対するパフォーマンスの分析についての説明	説明および分析
エネルギー管理	(1)エネルギー総消費量、(2)電力系統からの電気の割合、および(3)再生可能エネルギーの割合	定量
水管理	(1)総取水量、(2)総消費水量、およびそれらの「ベースライン水ストレス」が「高い」または「極めて高い」地域の割合	定量
	水管理リスクの記述ならびに当該リスクを緩和するための戦略および実務の説明	説明および分析
	水質の許認可、基準および規制に関連する違反事案の件数	定量
土地利用および生態系へのインパクト	動物の排泄物および堆肥の発生量、養分管理計画により管理した割合	定量
	保全計画要件により管理している牧草地および放牧地の割合	定量
	集中家畜飼養事業からの動物性タンパク質生産	定量
動物及び飼料の調達	「ベースライン水ストレス」が「高い」または「極めて高い」地域から調達した動物飼料の割合	定量
	「ベースライン水ストレス」が「高い」または「極めて高い」地域にいる生産者との契約の割合	定量
	気候変動によって飼料調達および家畜供給にもたらされる機会とリスクを管理する戦略についての説明	説明および分析

［出所］ IFRS S2号「気候関連開示」の適用に関する産業別ガイダンス　第23巻　食肉、家禽および乳製品（一部抜粋）

と機会を把握できるだけでなく、投資家等にとって有用で比較可能な情報を開示することが可能になります。産業別ガイダンスの各セクターごとの日本語解説動画は、サステナビリティ基準委員会（SSBJ）のウェブサイトからアクセスできます。

その他の気候関連の指標の開示

産業横断的指標等や産業別指標は、すべての指標を網羅しているわけではありません。そのため、「指標と目標」の開示目的を達成するため、企業の見通しに影響を与えると合理的に見込みうる気候関連のリスクと機会のそれぞれについて、識別したリスクと機会とそれに関連する企業のパフォーマンスを測定し、モニタリングするために企業が用いている指標を開示しなければなりません（気候基準87項）。

また、企業が、図表3－2の「⑶重要性がある情報の識別」のガイダンスの情報源の②から得た気候関連の指標を開示する場合は、その情報源と指標を開示する必要があります。さらに、企業が作成した気候関連の指標を開示する場合は、指標の定義、指標が絶対指標・相対指標・定性的指標のいずれであるか、第三者による指標の認証の情報、指標の算定方法と算定に用いたインプットを開示することが求められます（気候基準88－89項）。

気候関連の指標の定義または算定方法を変更した場合は、更新された比較対象の数値、変更の内容、変更の理由を開示しなければなりません。また、新たに気候関連の指標を導入した場合は、不可能である場合を除き、比較対象の数値を開示しなければなりません（気候基準90－91項）。

ここまで、気候基準の指標についてみてきました。企業がこれらの指標を用いて、どのような具体的な目標を設定しており、その目標の達成に向けた進捗やパフォーマンス（実績）はどうなっているかについては、投資家等にとって関心の高いところです。

目標は、2050年カーボンニュートラルなどの、企業が達成を目指す具体的なレベルであり、指標に基づいて設定されます。また、目標の進捗を測るためにも指標が活用され、企業は定期的に指標のデータをモニタリングし、目標達成に向けて取り組みを管理し、報告します。このように指標と目標は相互に関連しています。

目標の開示事項についても、気候基準の内容（気候関連の目標）が具体的でわかりやすいため、以下でみていきます。目標の開示事項は、図表3－12に示していますのでご参照ください。

気候関連の目標

低炭素ビジネスへの移行などの戦略的目標を達成するために、企業は、その進捗をモニタリングする必要があります。そこで、企業が設定した定量的および定性的な気候関連目標や、法令等で遵守が求められる目標がある場合は、これらの目標に関する情報を開示しなければなりません。具体的には、目標のそれぞれについて、目標を設定するために用いる指標、具体的な定量的または定性的目標、目標の目的（例えば、緩和、適応または科学的根拠に基づく取り組みへの準拠）、目標が適用される企業の部分（企業全体に適用されるのか、特定の事業単位や地理的地域のみに適用されるのか）、目標が適用される期間、進捗を測定する基礎となる期間（基準年など）、マイルストーンと中間目標があればその内容、定量的目標の場合は絶対量目標か原単位目標か、気候変動に関する最新の国際協定を目標にどう反映したか、について開示しなければなりません（気候基準92項）。

また、目標のそれぞれを設定し、レビューするアプローチ、進捗をモニタリングする方法、目標のそれぞれに対する企業のパフォーマンス、パフォーマンスのトレンドまたは変化の時系列分析についても開示しなければなりません（気候基準93－95項）。

なお、これらの目標を設定し、進捗をモニタリングする指標を識別し、開示するにあたり、産業横断的指標等および産業別の指標（産業別ガイダンス）を参照し、その適用可能性を考慮しなければなりません。指標を企業が作成した場合は、その指標についての情報を開示する必要があります（気候基準96項）。

温室効果ガス排出目標を開示する場合には、これらの開示に加えて、7種類の温室効果ガスのうち温室効果ガス排出目標の対象となっているもの、スコープ1～3排出のうち温室効果ガス排出目標の対象となっているもの、温室効果ガス排出目標が総量目標または純量目標のいずれによるものか、温室効果ガス排出目標がセクター別脱炭素アプローチ（国際エネルギー機関〈IEA〉が定めた産業別の原単位の改善経路に沿って削減する手法）を用いて算定されたかどうか、温室効果ガス排出の純量目標がある場合にその達成のために使用する計画があるカーボン・クレジットの説明、を開示しなければなりません（気候基準97項）。なお、カーボン・クレジットとは、温室効果ガスの排出削減量や吸収量をクレジットとして数値化し、取引可能にしたものであり、カーボン・クレジットを付与する制度等によって発行されるものです。

サステナビリティ開示基準において、このような指標と目標が具体的に定められていることとにより、投資家等は、企業のパフォーマンス（実績）を比較可能な形で理解できるようになります。

以上みてきたコア・コンテンツ（ガバナンス、戦略、リスク管理、指標と目標）の開示は、一体となって、企業のサステナビリティ関連のリスクと機会、それに対する企業の対応の全体像を描き出すものです。なお、日本基準における独自の取扱いの主なものについては、「解説　日本基準の独自ポイント」をご覧ください。

解説　日本基準の独自ポイント

日本基準は、ＩＦＲＳ「Ｓ基準」の要求事項をすべて取り入れた上で、一部において日本基準独自の取扱いの選択を認めています。企業は、日本基準におけるＩＦＲＳ「Ｓ基準」と同じ要求事項を開示することも、代わりに日本基準独自の取扱いを選択して開示することも可能です。日本基準独自の取扱いを選択しなければ、開示される情報は、ＩＦＲＳ「Ｓ基準」で開示される情報と実質的に同じとなることが意図されています。日本基準独自の取扱いの選択を認めている主な事項は、図表３－25の通りです。

図表3-25　日本基準独自の取扱いの選択を認めている主なもの

事項	日本基準におけるIFRS「S基準」と同じ要求事項	日本基準独自の取扱い（左に代えて企業が選択できる）	日本基準独自の取扱いがある理由
スコープ2温室効果ガス排出	ロケーション基準により測定した温室効果ガス排出量、および、契約証書に関する情報を開示（気候基準53-54項）	契約証書に関する情報に代えて、マーケット基準による排出量を開示することができる（気候基準54項）	企業の温室効果ガス排出削減の努力の実態を反映するため
ファイナンスド・エミッション	資産運用、商業銀行、保険に関する活動を行う場合、ファイナンスド・エミッションに関する追加的な情報を開示（気候基準57項）	左の3つの活動を業として営むことについて法令により規制を受けていないときは、追加的な情報を開示しないことができる（気候基準58項） 資産運用・商業銀行・保険に関する活動の判断にあたり、基準の定義を用いることができる（気候基準59項）	ファイナンスド・エミッションの追加的な情報開示が必要か、該当の活動を行っているかどうかを判断しやすくするため
気候関連の移行リスク、物理的リスク、機会	気候関連の移行リスク・物理的リスクに対して脆弱な、および、機会と整合した、資産または事業活動の数値およびパーセンテージ（気候基準79-81項）	左の「数値およびパーセンテージ」に代えて、「規模に関する情報」を開示することができる（気候基準79-81項）	これまでの任意の開示実態をふまえ、企業が表現しようとするものをより忠実に表現できる方法を認めるため
報酬	当報告期間の役員報酬のうち、気候関連の評価項目と結び付いている部分の割合（気候基準84項）	左の気候関連の評価項目に係る部分を区分して識別できない場合は、その旨を開示し、気候関連の評価項目を含む評価項目全体を開示することができる（気候基準85項）	役員報酬の評価項目が、必ずしも気候関連とそれ以外に区分して識別できるとは限らないため

［出所］　SSBJ「IFRSサステナビリティ開示基準と本公開草案の差異等の一覧」をもとに筆者作成

図表 3-26　日本基準に追加の定めが設けられている主なもの

事項	日本基準における追加の定め	日本基準に追加の定めがある理由
表示単位	数値の表示に用いる単位（CO_2相当のメートル・トン（mt（e））、グラム（g）、ジュール（J）等）を開示（適用基準9項） 温室効果ガス排出量の絶対総量が大きい場合、キロ・トン（kt（e））、メガ・トン（Mt（e））、ギガ・トン（Gt（e））で表示可能（気候基準48項）	報告数値について、単位に関する情報を示すことで理解しやすくするため
関連する財務諸表	関連する財務諸表を特定し、同じ文書で報告しない場合は、入手方法と会計基準の名称を開示（適用基準7項）	サステナビリティ関連財務開示は、関連する財務諸表の情報を補足・補完するため また、財務諸表が準拠する会計基準を問わないため
公表承認日および承認機関	サステナビリティ関連財務開示の公表承認日と、承認した機関または個人の名称を開示（適用基準70項）	どの時点までの情報が開示に含まれているか、どの機関または個人が公表を承認したかを理解するため
準拠する法令の名称	法令の定めに基づき開示を行う場合、その法令の名称を開示し、任意で開示を行う場合はその旨を開示（適用基準78項）	どの法令に基づいて開示を行うか、任意で開示を行うかを理解するため
GHGプロトコル（2004年）とは異なる方法により測定した排出量に重要性がある場合	温室効果ガス排出の絶対総量の内訳として、GHGプロトコル（2004年）により測定した温室効果ガス排出量と、それとは異なる方法により測定した排出量を分解して開示（気候基準50項）	異なる方法で算出した排出量が混在する場合の比較可能性を確保するため
スコープ3 温室効果ガス排出のカテゴリー別の開示	報告企業の活動に関連するスコープ3のカテゴリー別に分解して開示（気候基準55項）	性質や時間軸が異なる、さまざまな活動に関連する温室効果ガスを排出源別に示すため

［出所］ SSBJ「IFRS サステナビリティ開示基準と本公開草案の差異等の一覧」をもとに筆者作成

また、IFRS「S基準」にはないものの、日本基準に追加の定めが設けられているものもあります。この追加の定めは、比較可能性や理解可能性の向上を図ることや適用上の困難に配慮することを目的としたものです。日本基準に追加の定めを設けている主な事項は、図表3－26の通りです。

日本基準とIFRS「S基準」との差異の一覧等は、サステナビリティ基準委員会（SSBJ）のウェブサイト（https://www.ssb-j.jp/jp/）に掲載される予定です。

なお、日本基準を適用して開示される情報とIFRS「S基準」を適用して開示される情報が整合性のあるものとなるよう、基準公表後も必要に応じて、基準の定めの追加や削除の必要性について、サステナビリティ基準委員会（SSBJ）において検討が行われることとなっています。

4　開示作成のポイント

ここからはサステナビリティ関連財務開示を作成する際の基本となる事項についてみてい

きます。これらは適用基準に記載されており、その開示作成のポイントは以下の通りです。説明を簡略化するために、関連する項目をまとめています。図表3－27には、開示作成ポイントの一覧を示していますので、あわせてご覧ください。

財務報告として求められること――報告企業、関連する財務諸表

サステナビリティ関連財務開示は、財務諸表とともに財務報告の一部と位置づけられます。従来の任意のサステナビリティ報告ではデータの範囲が報告企業の範囲と一致していないこともありましたが、サステナビリティ関連財務開示は、関連する財務諸表と同じ報告企業に関するものでなければなりません。報告企業が連結財務諸表を作成している場合、サステナビリティ関連財務開示は、親会社とその子会社のサステナビリティ関連のリスクと機会が理解できるものでなければなりません（適用基準5－6項）。

また、サステナビリティ関連財務開示は、関連する財務諸表を特定できるようにしなければなりません。財務諸表がサステナビリティ関連財務開示と同じ文書で報告されていない場合は、財務諸表の入手方法および財務諸表が準拠する会計基準の名称を開示する必要があります（適用基準7項）。なお、日本基準は、関連する財務諸表が準拠する会計基準にかかわらず、適用しなければなりません（適用基準3項）。

開示への配慮――法令との関係、商業上の機密情報

サステナビリティ関連のリスクと機会の中には、法令との関係で開示ができないものや、企業の商業上の機密情報に該当するものもあるでしょう。そのような場合への配慮もなされています。

日本基準で開示が要求されている情報であっても、企業が活動する法域の法令によって開示することが禁止されている場合は、開示する必要はありません（適用基準11項）。

また、サステナビリティ関連の機会に関する情報は、競合他社に知られていないことで競争上の優位性を確立できる可能性があります。そこで、商業上の機密であると企業が判断し、一定の要件を満たす場合には、その情報が基準で要求され、重要性がある情報であっても、開示しないことができます。ただし、これはあくまで機会に関する情報に限られます。機会に関する情報はいずれ一般に利用可能となる可能性があるのに対し、リスクに関する情報はそうなることが限られるからです（適用基準13項、BC40項）。

図表 3-27　開示作成のポイント

項目	内容
報告企業、関連する財務諸表	財務諸表と同じ報告企業（連結財務諸表を作成している場合は、親会社およびその子会社）。 財務諸表を特定できるようにする（同じ文書でなければ、入手方法、準拠した会計基準の名称を開示）。 関連する財務諸表が準拠する会計基準にかかわらず適用。
表示単位	数値の表示に用いる単位を開示（CO_2相当のメートル・トン（mt（e））、グラム（g）、ジュール（J）等）。
法令との関係、商業上の機密	法令によって開示が禁止さている場合は、開示を免除。 サステナビリティ関連の機会に関する情報が、一定の要件を満たし、商業上の機密であると企業が判断した時には、開示しないことができる。
質的特性、適正な表示	質的特性は、第2節の「解説　重要性は難しい?―質的特性と概念フレームワークから重要性を理解しよう」を参照。 適正に表示するために、基本的質的特性である関連性、忠実な表現、および、補強的質的特性である比較可能性、検証可能性、適時性、理解可能性を備える。
集約と分解	すべての事実および状況を考慮し、情報をどのように集約および分解するかを決定。
つながりのある情報	次のつながりを理解できるように情報を開示。 ● 項目間のつながり（サステナビリティ関連のリスクと機会の間のつながりなど）。 ● サステナビリティ関連財務開示内の開示の間のつながり（ガバナンス、戦略、リスク管理、指標と目標の開示間のつながりなど） ● サステナビリティ関連財務開示とその他の財務報告書（財務諸表など）の情報との間のつながり
合理的で裏付け可能な情報	特定の項目には、合理的で裏付け可能な情報を利用（外部環境の一般的状況、企業に固有の要因も対象。過去・現在・将来に関する情報を含む）。
情報の記載場所	財務諸表とあわせて開示。 サステナビリティ関連財務開示は明瞭に識別可能でなければならず、財務報告書の他の情報によって不明瞭にしてはならない。 一定の要件をすべて満たす場合は相互参照も可能。
報告のタイミング	原則として、財務諸表と同時に報告。 関連する財務諸表と同じ報告期間を対象。 後発事象について、報告期間末日現在に存在していた状況についての新規の情報を入手した場合は開示を更新。 公表承認日までに発生した重要な取引、事象および状況の情報は、重要であれば開示。

項目	内容
比較情報	すべての数値について、前報告期間に係る比較情報を開示。 有用な場合は、説明的および記述的な情報に関する比較情報も開示。 見積りの数値に関連して、新規情報があれば、前報告期間の比較情報を更新。
準拠表明	日本基準に準拠していると表明するには、基準のすべての定めの準拠が必要。 法令に基づき開示を行う場合は、法令の名称を開示。任意で開示を行う場合はその旨を開示。
判断	開示作成の過程で行った判断のうち、最も重大な影響を与える判断に関する情報を開示。
測定の不確実性	報告数値に影響を与える最も重大な不確実性に関する情報を開示。
誤謬	重要性がある過去の誤謬（記入漏れや誤表示）は、比較対象の数値を修正再表示して訂正。
適用時期、経過措置	基準公表日以後終了する年次報告期間にかかるサステナビリティ関連財務開示から適用可。 最初の報告期間には経過措置あり（比較情報の開示免除、気候関連のリスクと機会のみの開示が可能、スコープ3温室効果ガス排出の開示免除など）。

［出所］ 適用基準3項、5-33項、62-96項をもとに筆者作成

適正に表示する――

適正な表示、集約と分解

サステナビリティ関連財務開示では、企業の見通しに影響を与えると合理的に見込みうるサステナビリティ関連のリスクと機会を、「適正に表示」することが求められます。日本基準の具体的な定めを適用するだけでは、サステナビリティ関連のリスクと機会を理解する上で不十分である場合には、追加的な情報を開示しなければなりません。このような追加的開示が必要かどうかは、投資家等の意思決定に有用な情報提供という財

務報告の目的に沿って、意思決定との「関連性」があるか、実態を「忠実に表現」するかの観点から、重要性を判断します。情報に重要性がない場合は、たとえ基準で要求する情報であっても、開示する必要はありません（適用基準20－22項）。

適正に表示されるサステナビリティ関連財務開示は、有用なサステナビリティ関連財務情報の質的特性を有していなければなりません（適用基準24－27項）。質的特性については、「解説　重要性は難しい？――質的特性と概念フレームワークから重要性を理解しよう」をご参照ください。

また、サステナビリティ関連財務開示の理解可能性を高めるために、すべての事実や状況を考慮し、情報をどのように集約および分解するかを決定する必要があります。ただし、重要性がある情報を重要性がない情報で不明瞭にしたり、類似していない重要性ある情報を集約したりすることで、理解可能性を損なうことがあってはなりません（適用基準28項）。

一体性のある開示――つながりのある情報

財務諸表上の会計情報は、複式簿記に基づき、資産・負債・収益・費用などの各項目間で有機的つながりを保ちながら測定されます。しかし、サステナビリティ関連財務情報には、複式簿記のような計算システムがありません。そのため、開示にあたっては、関連する項目間（リスクと機会など）のつながり、サステナビリティ関連財務開示内（ガバナンス、戦略、リスク管理、指標と目標）のつながり、財務諸表を含むその他の財務報告書の情報との間のつながりを理解できるように、情報を開示することが求められます（適用基準29項）。

つながりのある情報として、例えば、企業の戦略が財務諸表や財務計画に与える影響や、企業の戦略が目標の進捗を測る指標とどのように関連しているかを説明することが必要なこともあります。また、天然資源の使用やサプライ・チェーン内の変化によって、サステナビリティ関連のリスクと機会がどのように増幅されうるか、逆に、縮小されうるかを説明する必要があることもあります。また、天然資産の使用やサプライ・チェーン内の変化の情報を、製造コストへの現在・将来の財務的影響、リスクを緩和するための企業の戦略的対応、新たな資産への関連投資の情報とつなげたりすることが必要なこともあります。さらに、記述的な情報を、関連する指標と目標や、財務諸表の情報とつなげることが必要なこともあるでしょう（適用基準BC55項）。

つながりのある情報の開示にあたっては、明瞭かつ簡潔に説明し、不必要な繰り返しを避ける必要があります。また、サステナビリティ関連財務開示の作成に用いるデータと仮定は、財務諸表作成にあたり準拠した会計基準を考慮した上で、可能な限り、財務諸表の作成に用いたデータや仮定と整合させなければなりません。その両者に重大な差異があればその情報を開示しなければなりません（適用基準30－31項）。

サステナビリティ関連財務開示のそれぞれの情報が個別に開示されるのではなく、財務報告の中でつながりをもって開示されることで、財務諸表の補足情報としての役割を果たすとともに、財務報告としての一体性のある開示が実現されます。

企業の能力や準備状況への配慮——合理的で裏付け可能な情報

サステナビリティ開示については、従前から取り組んできた企業とそうでない企業との間で、開示の作成に利用できる資源（システム、プロセスなど）、データの利用可能性、スキルや専門知識などに差があります。そこで、高度な判断を要し、測定の不確実性を伴う特定の項目については、開示を作成する際の難しさを緩和するために、「合理的で裏付け可能な情報」を用いることの定めが置かれています（適用基準BC58－62項）。

「合理的で裏付け可能な情報」とは、報告期間の末日において企業が過大なコストや労力をかけずに利用可能な、すべての合理的で裏付け可能な情報をいいます。「合理的で裏付け可能な情報」には、外部環境の一般的状況のみならず、企業に固有の要因も対象としなければならず、これには過去の事象、現在の状況、将来の状況の予想に関する情報が含まれます（適用基準4項、33項）。

何が合理的で裏付け可能な情報であるかを判断するにあたっては、合理的に利用可能なすべての情報を考慮すること、情報を使用するための適切な基礎を有し、情報が裏付け可能となるように、日本基準の定めを満たすこと、報告期間の末日において利用可能な情報を考慮すること、情報の網羅的な探索を実施することは求められないことが考えられます（適用基準BC65項）。

高度な判断を要し、測定の不確実性を伴うため、「合理的で裏付け可能な情報」の使用が求められる項目とは、リスクと機会の識別、バリュー・チェーンの範囲の決定、予想される財務的影響、気候関連のシナリオ分析、スコープ3温室効果ガス排出の測定、気候関連の物理的リスク・移行リスク・機会の開示の作成です（適用基準BC63項、一般基準BC42項、気候基準BC50項）。

どこに、いつ開示するか――情報の記載場所、報告のタイミング

サステナビリティ関連財務開示は、財務諸表の補足情報として位置づけられています（図表2－5参照）。そのため、原則として財務諸表とあわせて開示することが求められています（適用基準62項）。ただし、「財務諸表とあわせて開示する」といっても、必ずしも財務諸表と同じ文書（有価証券報告書など）で開示することが求められているわけではありません。

サステナビリティ開示基準で要求される情報は、一定の要件をすべて満たす場合には、相互参照により含めることができます。その場合は、サステナビリティ関連財務開示において、相互参照の情報が開示されている報告書を識別し、その入手方法を説明しなければなりません（適用基準64－66項）。

サステナビリティ関連財務開示の報告のタイミングについては、原則として財務諸表と同時に報告し、財務諸表と同じ報告期間を対象とすることが求められます。これにより、財務報告の一部としてのサステナビリティ関連財務開示の理解可能性が向上します。ただし、法令の定めに基づきサステナビリティ開示基準に従った開示を行う場合で、その法令が同時に報告することを禁止しているか、同時に報告しないことを容認している場合、または任意開示の場合には、同時に報告しないことができます（適用基準67－68項）。

なお、法令上の扱いについては現時点では定まっていませんが、日本においては、有価証券報告書の提出期限が事業年度終了後3カ月以内と、諸外国と比べて短い状況にあります。これまで、多くの企業は、有価証券報告書を提出してから数カ月後にサステナビリティ報告を公表していたため、制度上の調整が必要かどうかを含め、現在、金融庁金融審議会「サステナビリティ情報の開示と保証に関するワーキング・グループ」で検討が進められています。

また、サステナビリティ関連財務開示にどの時点までの情報が含まれているか、また、企業においてどの機関または個人が公表を承認したかの情報は、投資家等にとって必要と考えられます。そこで、サステナビリティ関連財務開示の公表承認日と、承認した機関または個人の名称を開示しなければなりません（適用基準70項、BC139項）。

さらに、可能な限り最新の状況を反映するため、後発事象についての定めもあります。報告期間の末日後、サステナビリティ関連財務開示の公表承認日までに、報告期間の末日現在で存在していた状況についての新規の情報を入手した場合は、開示を更新しなければなりません。また、報告期間の末日後、公表承認日までに発生した取引・事象および状況の情報は、重要性がある場合は、開示しなければなりません（適用基準71－72項）。

理解可能性を高めるために——比較情報

投資家等が企業の報告年度のパフォーマンス（実績）を理解するには、前報告期間との比較が有効です。財務諸表において前報告期間の数値が掲載されるのと同様に、サステナビリティ関連財務開示においても、すべての数値について、前報告期間にかかる比較情報を開示しなければなりません。また、説明的および記述的なサステナビリティ関連財務情報についても、有用であれば、比較情報を開示する必要があります（適用基準73項）。

また、前報告期間に開示された見積り数値について、当報告期間に新規の情報を入手し、その情報が前報告期間に存在していた状況の証拠を提供する場合には、企業は比較情報を更新し、その差異や更新の理由を開示しなければなりません（適用基準74項）。この比較情報により、投資家等は、企業のパフォーマンスのトレンドを適切に理解することができます。

基準に準拠するとは——準拠表明

日本基準に準拠していると表明するためには、基準のすべての定めに準拠することが求められます。もちろんすべてにおいて重要性の判断はありますが、気候関連のリスクと機会については気候基準の要求事項を開示するとともに、それ以外のサステナビリティ関連のリスクと機会については一般基準の要求事項も開示しなければなりません。また、開示の作成にあたっては適用基準に準拠する必要がありますので、3つの基準すべてをひとまとまりのものとして準拠することが求められます。限定付きでサステナビリティ開示基準に準拠していると記述することはできません。例えば、気候基準のみなど、一部の基準のみに準拠する場合は、準拠表明を行うことができません（初年度の経過措置は後述）（適用基準79項、BC155項）。

ただしこのことは、開示が要求される事項を導入することを企業に要求するものではありません。例えば、サステナビリティ関連のリスクと機会の一部を管理していない、または、指標と目標を設定していない場合は、開示においてその旨を説明すれば、サステナビリティ開示基準に準拠していることになると考えられます（適用基準BC156項）。

なお、法令の定めに基づき日本基準に従った開示を行う場合にはその法令の名称を、また、任意で基準に従った開示を行う場合はその旨を開示しなければなりません（適用基準78項）。

開示にあたって——判断、測定の不確実性、誤謬

サステナビリティ関連財務開示では、バリュー・チェーンに関連する情報や将来情報も扱うため、企業が開示を作成するにあたり、さまざまな判断や不確実性を伴います。

判断については、例えば、リスクと機会の識別、どのガイダンスの情報源を適用するかの決定、バリュー・チェーンを通じたリスクと機会の範囲の再評価が必要かどうかの評価、重要性がある情報の識別などの判断が、報告される情報に重大な影響を与える可能性があります。企業がこれらの判断をどのように行ったのかを開示することは、投資家等が開示された情報を理解する上で重要です。そこで、サステナビリティ関連財務開示に含まれる情報に最も重大な影響を与える判断に関する情報を開示しなければなりません（適用基準83項、BC158項）。

同様に、報告数値に影響を与える最も重大な不確実性に関する情報も開示しなければなりません。この開示にあたっては、開示された数値のうち測定の不確実性の程度が高いものを識別し、そのそれぞれの数値についての測定の不確実性の源泉、および、数値を測定する仮定、概算および判断を開示しなければなりません。例えば、測定における仮定その他の不確実性の源泉の性質、数値計算の基礎となる手法および仮定・見積りに関する感応度、不確実性の解消方法および合理的に考えられる結果の範囲、過去の仮定の変更の説明などです（適用基準83－84項、BC162項）。

さらに、重要性がある過去の報告期間の誤謬（記入漏れや誤表示）があれば、不可能でない限り、過去の報告期間の比較対象の数値を修正再表示して訂正しなければなりません（適用基準86項）。

適用にあたって――適用時期、経過措置

日本基準は、すべての基準を同時に適用しなければならないとした上で、公表日以後終了する年次報告期間にかかるサステナビリティ関連財務開示から適用することができます（適用基準91－92項、BC168項）。

ただし、基準のすべての要求に直ちに対応することは困難な場合があるため、次の適用初年度の扱いを含む経過措置が導入されています（適用基準93－95項、一般基準42－43項、気候基準102－104項）。

- 比較情報を開示しないことができます。
- 気候基準に準拠して気候関連のリスクと機会のみの情報を開示することができます。
- 直前の年次報告期間において、温室効果ガス排出の測定にGHGプロトコル（2004年）または法域の当局もしくは上場取引所が要求している方法以外の測定方法を用いていた場合、必要な開示をした上で、その測定方法を用いることができます。

●スコープ3温室効果ガス排出を開示しないことができます。

日本基準の強制適用時期等については、サステナビリティ開示基準ではなく、法令によって定められる予定です（適用基準BC－167項）。現時点で想定されているスケジュールについては、図表2－9をご参照ください。

ここまで第3章では、日本基準の概要について解説してきました。日本基準についてさらに詳しく知りたい方は、サステナビリティ基準委員会（SSBJ）のウェブサイト（https://www.ssb-j.jp/jp/）に、SSBJハンドブック、補足文書、その他の役立つ情報が掲載されますので、ぜひご覧ください。

第4章

変わる企業経営

本章では、サステナビリティ開示基準が企業経営に与える影響について考えます。特に次の2つの大きな変化が始まりつつあります。1つ目は、バリュー・チェーン全体の自分事化による「バリュー・チェーン経営」の始まりです。2つ目は、財務とサステナビリティの「統合思考」の本格化です。これら2つの変化は、短期的というよりも、中長期的に企業経営を変えていくことになるでしょう。以下では、それぞれについて詳しくみていきます。その後、財務情報とサステナビリティ情報が企業価値とどのように関係しているか、その現状を探ります。

1　バリュー・チェーン経営へ

情報開示のパワー

サステナビリティ開示基準は、情報開示を求める基準です。情報開示は、企業が株主から預かった資金の使い道や成果についてアカウンタビリティ（説明責任）を果たすものである（第1章第1節参照）と同時に、企業経営の透明性を向上させることで、経営者の行動について社会的責任を果たすよう導く効果もあります。

例えば、アメリカには、「紛争鉱物」についての情報開示規制を設けている米国金融規制改革法（ドッド・フランク法）第１５０２条があります。この法律では、アメリカの上場企業は、スズや金などの「紛争鉱物」を自社製品に使用している場合、その鉱物がどの国から調達されたのかを調査することが求められます。もし、内乱における武装勢力の資金源となる可能性があるコンゴ民主共和国やその周辺国に由来するものであれば、その産地や加工施設についての詳細な調査も求められます。そして、調査結果は年次報告書に付随する「紛争鉱物報告」に記載し、米国証券取引委員会（ＳＥＣ）に提出するとともに、企業のウェブサイトなどで一般に公開する必要があります。

この「紛争鉱物」の開示規制により、コンゴ民主共和国からアメリカを含むＯＥＣＤ諸国への対象鉱物の輸出が減少し、サプライ・チェーンの構造が変化したことが、村上進亮教授（東京大学）らの研究で示されています。このように、紛争鉱物の使用に関する開示によって透明性が高まり、企業がそれらの紛争鉱物の使用を抑制したことで、結果的に武装勢力の資金源が縮小し、紛争解決に一定の効果を果たしました。情報開示がもつパワーは大きいといえます。

バリュー・チェーン全体の自分事化

サステナビリティ開示基準によって、スコープ3などのバリュー・チェーンに関連する情報の開示が求められることは、「紛争鉱物」の開示以上に企業経営へ大きな影響を与えることになるでしょう。なぜなら、温室効果ガスは企業の幅広い活動から排出される上、バリュー・チェーンの上流や下流における排出も含むからです。

どの企業もバリュー・チェーンにおいて他社と取引をしています。そのため、バリュー・チェーンの企業間では、「あなたの排出（スコープ1・2）はわたしの排出（スコープ3）」、「わたしの排出（スコープ1・2）はあなたの排出（スコープ3）」という関係が成り立ちます。したがって、バリュー・チェーン内の1社が排出量（スコープ1・2）を削減すると、他のバリュー・チェーン上の企業にとっても排出量（スコープ3）が削減されます。このように排出量の削減の効果は、バリュー・チェーン全体で共有されます。これを示したのが、図表4－1です。

サステナビリティ開示基準が適用される企業はプライム上場企業の一部であったとしても、そのバリュー・チェーンに属する多くの企業が、排出量の算定や削減が求められることになると予想されます。サステナビリティ開示基準の法定開示の流れは、バリュー・チェー

図表 4-1　バリュー・チェーン排出量の特徴
—削減は各社でシェアされる

素材製造事業者1が、排出量を削減したときのイメージ例

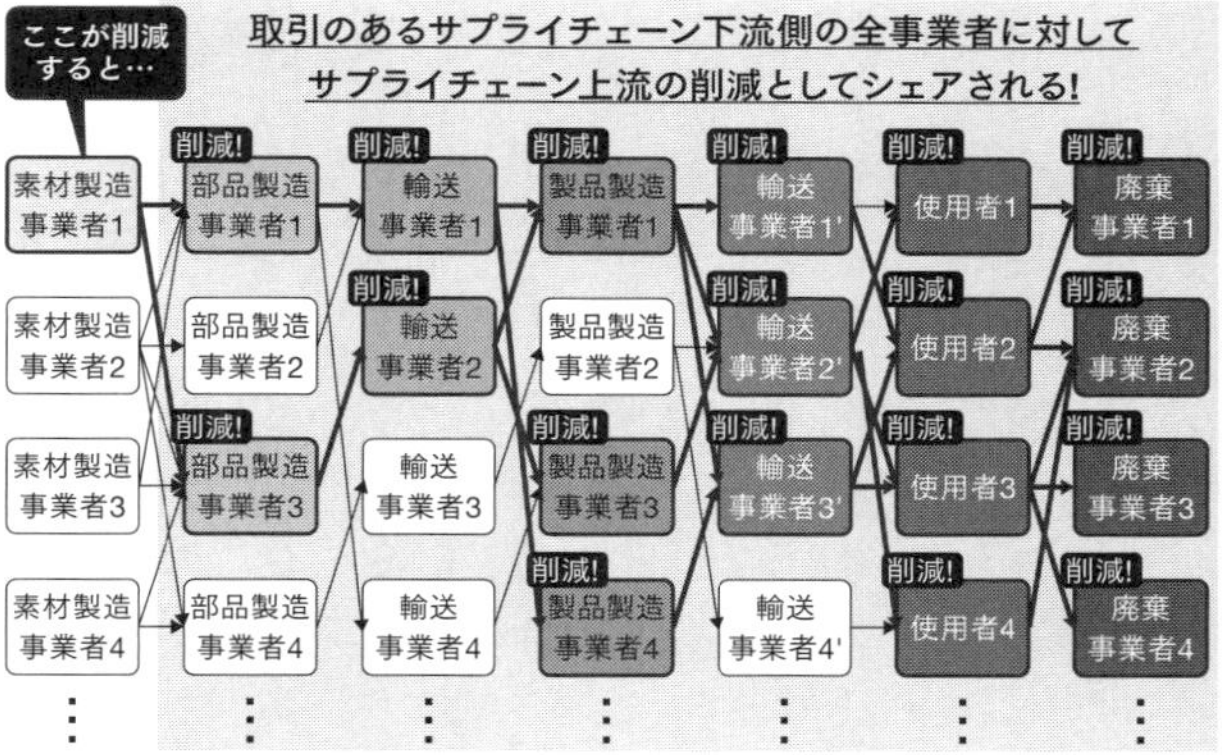

［出所］　環境省・みずほリサーチ＆テクノロジーズ［2023］「サプライチェーン排出量の算定と削減に向けて」22 頁

ンの自分事化を促し、基準が適用されないバリュー・チェーン上の企業も巻き込んだ排出削減と、経済社会全体の排出削減に向けて大きな役割を果たすことになるでしょう。

すでに起こっている未来

バリュー・チェーン上の企業が、取引先から排出量の算定や削減が求められる動きは、実はすでに起こっています。ＳＢＴｉやＲＥ１００といった国際的なイニシアティブがそれを後押ししてきました。

ＳＢＴｉは、ＣＤＰやＵＮＧＣ（国連グローバルコンパクト）などが運営しています。企業はパリ協定が求める科学的根拠に基づいた温室効果ガス削減目標であるSBT（Science Based Targets）を設定し、SBTiがそれを認定します。2025年1月時点で1526社の日本企業がSBT認定を取得し、その中にはサプライヤーにも同等の排出削減目標の設定を求めている企業もあります。

RE100は、企業が事業で使用する電力を100％再生可能エネルギー（太陽光や風力など）で賄うことを目指すイニシアティブであり、同時点で88社の日本企業が参加しています（REはRenewable Energyの略です）。再生可能エネルギーを導入することで将来リスクを低減し、また、多くの企業が利用することによって、再生可能エネルギーの安価な調達にも取り組んでいます。

例えば、株式時価総額で世界トップレベルの企業であるアップル（Apple）社は、早くからサプライ・チェーン全体の脱炭素化を目指して取り組みを進めてきました。2015年に「サプライヤークリーンエネルギープログラム」を開始し、サプライヤーに対して再生可能エネルギーの活用や脱炭素型製造プロセスへの転換を支援してきました。16年にはRE100に加盟し、2018年にはその目標を達成しています。さらに、20年には、製品ライフサイクル全体を含む全事業および製造サプライ・チェーンで、30年までにカーボンニュートラルを達成する計画を発表しました。22年には、サプライ・チェーン全体に対してスコープ1・2の脱炭素化を求めるとともに、取引先に対して進捗報告を義務付けています。

また、アップル社はスコープ3の対応も進めています。スコープ3には15のカテゴリーがありますが、多くの企業では、カテゴリー1とカテゴリー11の排出割合が多くなっています。アップル社のカテゴリー1（購入した資材の製造）については、直接製造費用の95％を占める320社以上のサプライヤーが、アップル製品の製造に100％再生可能エネルギーを使用することを約束しています。カテゴリー11（販売した製品の使用）については、30年までに顧客がアップル製デバイスをクリーンエネルギーで充電できるよう、アップル社はアメリカ、オーストラリア、欧州などで再生可能エネルギー発電への投資を進めています。

アップル社は、このような取り組みについて、次のように成果を報告しています。「アップルは、アップル関連の事業全体でクリーン電力を使用することおよびカーボンニュートラルにすることを世界中のサプライヤーに呼びかけてきました。（中略）これにより、昨年（23年）、サプライ・チェーン全体で2550万メガワット時以上のクリーンエネルギーが生成され、1850万トン以上の炭素排出を回避できました」。アップル社のサプライヤーには、多くの日本企業も含まれているため、アップル社の取り組みはサプライ・チェーンを通じて日本企業にも対応を迫っています。

バリュー・チェーン経営へのシフト

会計や開示が経営のあり方に大きな影響を与えたこととして思い出されるのが、1998年の会計ビッグバンです。当時、企業の国際化・多角化が進展する中で、会計の国際的調和が進み、企業業績を連結ベースで報告する連結会計が導入されました。その結果、連結財務諸表に基づく企業価値評価が浸透し、経営においても連結経営（グループ経営）が定着していきました。

かつて連結会計がグループ全体の「自分事化」を促進し、グループ経営への移行をもたらしたように、今、バリュー・チェーンへの影響を含めたリスクと機会の識別や、スコープ3を含む温室効果ガス排出の開示が求められることで、バリュー・チェーン経営へのシフトをもたらすと予想されます。

サステナビリティ開示基準の導入を契機に、バリュー・チェーンにおけるリスクと機会を管理し、それらを戦略に組み込み、取引先企業を巻き込んだ対応が進展すると予想されます。基準の適用対象外の企業や非上場企業であっても、取引関係を維持するために、温室効果ガス排出の削減をはじめとした取り組みが求められる場面が増えるでしょう。一方で、排出の少ない製法による材料や部品を提供できる企業にとっては、新たな取引先を獲得する機会にもなるはずです。

バリュー・チェーン全体でのビジネス・モデル変革へ

多くの日本企業が２０５０年のカーボンニュートラルを目標に掲げていますが、この目標を達成するには、抜本的なビジネス・モデルの見直しが求められることもあるでしょう。しかし、企業グループ内での取り組みだけでは限界があります。國部克彦教授（神戸大学）らの『低炭素型サプライチェーン経営』（２０１５）で紹介されたように、バリュー・チェーンの企業と連携することで、実現可能な取り組みの幅が大幅に広がります。バリュー・チェーンの視点を含むサステナビリティ開示基準の登場は、バリュー・チェーン全体でのビジネス・モデル変革をもたらす転換点となると考えられます。

サステナビリティ開示基準でスコープ3温室効果ガス排出の開示が要求されていることのねらいも、このあたりにありそうです。サステナビリティ開示基準の「こころ」は、ＩＦＲＳ「S基準」公表時のエマニュエル・ファベール議長の言葉（第2章第2節参照）にもあるように、企業のイノベーションを促し、脱炭素のビジネス・モデルへと変革し、カーボンニュートラルなビジネスや社会を実現していくことなのです。

2　財務とサステナビリティの統合思考の本格化

財務とサステナビリティをつなげるサステナビリティ関連財務開示

サステナビリティ開示基準が、サステナビリティ関連財務開示に焦点を当てていることは、第2章でもみてきました。財務諸表、サステナビリティ関連財務開示、サステナビリティ報告の関係を思い出していただくために、図表4－2で再掲します。

従来、③財務諸表と①サステナビリティ報告のつながりは必要とされながらも、実際には十分に確保されていませんでした。しかし、投資家等の意思決定有用性というシングルマテリアリティに焦点を当てたIFRS「S基準」や日本基準ができたことで、②サステナビリティ関連財務開示が財務報告の一部となり、①と③の間を接着剤のように結びつけることが可能になったのです。

図表4-2　サステナビリティ報告、サステナビリティ関連財務開示、財務諸表の関係（再掲）

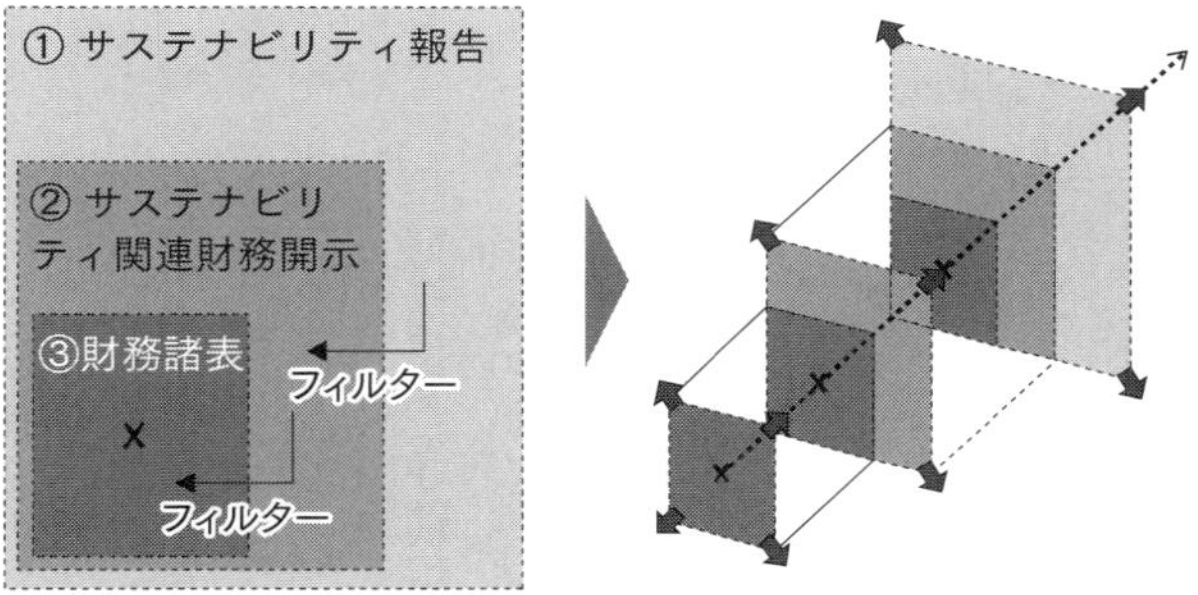

② IFRS「S基準」や日本基準のサステナビリティ関連財務開示
①＋② 欧州ESRSなどのサステナビリティ報告

［出所］ CDP、CDSB、GRI、IIRC、SASB（2020）Reporting on enterprise value : illustrated with a prototype climate-related financial disclosure standard. Figure 1 をもとに筆者作成

情報開示による外部コストの内部化

図表4－2左の図中の矢印の意味を理解することが、サステナビリティ関連財務開示の意義を理解する上で重要だと考えています。そもそも気候変動のような環境問題が生じてきた背景には、現在の経済システムとそれを支える理論が、環境との関係を十分に考慮することなく構築されてきたことがあげられます（詳細は、阪智香『環境会計論』（2001年）を参照ください）。

企業活動に伴って生じる汚染などに対して市場メカニズムが適切に機能せず、価格を経由せずに人々や地球に直接被害を及ぼすことを市場の失敗といいます。それによって引き起こされる公害や地球温暖化は、外部コストとして社会全体が負担することになります。このままでは被害が生じ続けてしまうため、この外部コストを市場メカニズムに組み込む（内部化する）ことによって、被害を軽減し、資源の最適な配分を図ることが求められます。このしくみを外部コストの内部化といい、図表4－2左の図中の矢印はそれを示しています。

外部コストを内部化するには、いくつかの手段があります。例えば、パリ協定（2015年）などの国際的な条約や各国の法規制を設けることで、社会全体で負担を分担する方法があります。また、炭素税等の課税や排出量取引の導入により、排出企業が外部コストを負担する（内部化する）ことで、温室効果ガスの排出削減を促進する経済的手法もあります。

現在求められているのは、パリ協定の実現や新たな産業・社会構造への転換、サステナブルな経済社会の構築を促すために、資金の流れを変えることです。サステナブルファイナンスの普及には、投資意思決定のための情報開示（サステナビリティ開示）が不可欠です。このような情報開示は、『環境白書（平成13年度）』において、経済社会のサステナビリティを実現するための政策手法として、法規制・国際条約、経済的手法（課税や排出量取引）とともに、情報的手法として位置づけられています。

情報開示を通じて、投資家等は、サステナビリティ課題にレジリエントなビジネス・モデルへの転換に取り組む企業を選択できるようになります。そのような投資意思決定の積み重ねが、企業行動をさらに変えていくことにつながります。情報開示のもつパワーが大きいことは、すでに述べた通りです。

あらためて図表4－2をみてみましょう。これまでサステナビリティ報告に含められていた企業活動に関連するサステナビリティ課題について、企業のビジネス環境の変化（法規制、経済的手法の導入、バリュー・チェーン上の企業の要請）などによって、企業の見通しに影響を与えると合理的に見込みうるリスクと機会として識別されれば、サステナビリティ関連財務開示として財務報告の一部に含められることになります（①→②の矢印）。さらに、その中から、財務業績や財政状態に影響を及ぼすものは、財務諸表に反映されることになります（②→③の矢印）。なお、図表4－2の①②③の枠は明確に決められているわけではなく、経済社会の動きに応じてダイナミックに変化していきます。

サステナビリティ開示によって、サステナビリティ報告から財務諸表への流れができ、外部コストの内部化が促進されます。サステナビリティ開示基準では、外部コストの内部化に伴う企業にとってのリスクだけでなく、機会も同時に扱います。サステナビリティ関連のリスクと機会の両方を経営に取り込むことで、企業経営にサステナビリティの観点からの規律をもたらし、企業のサステナブルな成長も導くことが期待されます。

財務諸表への取り込み

図表4－2の②→③の矢印に関連して、気候変動などの不確実性を財務諸表にどのように取り込めばよいのでしょうか。参考になるのが、IFRS財団の「教育的資料―気候関連事項が財務諸表に与える影響」（2023年7月再公表）です。この資料は、企業がIFRS会計基準を適用する際に、気候関連事項の影響をどのように考慮すべきかが示されています。

例えば、温室効果ガスを排出する製品の需要が低下すれば、その製造工場の減損（資産価値の下落）が生じている可能性があり、その場合は、「資産の減損」の会計基準（IAS第36号）に従って、資産の減損テストを行うことになります。また、気候関連の目標を達成するために製品やサービスを再設計するリストラクチャリングが必要となれば、「引当金」の会計基準（IAS第37号）に従って、負債として認識、測定および開示するかどうかを検討することになります。

また、2024年7月には、会計基準を開発する国際会計基準審議会（IASB）が、公開草案「財務諸表における気候関連及びその他の不確実性（設例案）」を公表しました。この設例案では、企業が財務諸表で気候関連やその他の不確実性の影響を報告する際に、IFRS会計基準をどのように適用するかを理解するのに役立つ8つの設例を提示しています。そこでは、重要性の判断（IAS第1号、第8号、第36号、IFRS第18号）、仮定の開示（IAS第1号、第8号、第36号、IFRS第18号）、信用リスクに関する開示（IFRS第7号）、解体および原状回復引当金に関する開示（IAS第37号）、分解情報に関する開示（IFRS第18号）が取り上げられています。

このような動きに関して、気候変動のような不確実な項目を財務諸表で扱うことに違和感を持つ人もいるかもしれません。しかし、不確実性を確率的にランダムに変動するものとして捉えると、財務諸表上のすべての数値は、ビジネス環境や会計処理などによって変動する確率変数（random variable）であり、公正価値の期待値もまた確率変数です。財務諸表に計上されている金額は、最も可能性の高い値を示す確率変数の実現値または期待値であると言えます。たとえ監査を経た信頼性のある数値であっても、不確実性は常に伴います。しかし、不確実性があることは、その信頼性が低いことを意味するわけではありません。

財務諸表では、勘定科目によって確率分布が異なります。仮に新たに気候関連の項目が加わったとしても、それは新しい確率分布（形状が異なる分布）を財務諸表に追加することを意味するにすぎません。つまり、異質なものが新たに加わるのではなく、既存の確率分布の情報の集まりに、新しい確率分布の情報が加わるだけであると考えています。

情報を理解し、意思決定に役立てるためには、不確実性が存在する場合に、まずその不確実性を伴う情報の分布の形状を知ることが重要です。多くの情報が開示され、情報の数が増えることで分布構造が明らかになり、その情報の推定や予測の精度が向上し、意思決定に役立ちます。これは個別企業の観点からもあてはまりますし、社会全体の観点からもあてはまると考えています。

そのためには、同じ項目に対して企業間で同じ会計処理が適用された情報が開示されることが望ましく、前記のＩＦＲＳ会計基準適用の設例案は、これに貢献することが期待されます（設例案は２０２４年11月28日にコメントが締め切られ、その後、最終的な設例が公表される予定です）。

このように、これまで外部コストとして企業が直接負担してこなかった気候変動やその他サステナビリティ課題が、サステナビリティ関連財務開示を介して財務諸表にまで含められ、内部化される道筋ができつつあります。サステナビリティと財務の情報を一体として投資意思決定や経営意思決定に活用していくこと、すなわち、財務とサステナビリティの統合思考が本格化する時代が、もうそこまで来ているのです（第2章第1節の統合思考を参照）。

3　企業価値への反映

サステナビリティ開示基準は、投資家の投資意思決定に有用な情報を提供することを目的としており、「(意思決定との）関連性」が基本的質的特徴の一つとしてあげられています。では、サステナビリティ情報は投資意思決定にとって本当に有用な情報なのでしょうか。これについては、これまでさまざまな研究が行われてきました。

温室効果ガス排出量と企業価値

情報が意思決定に有用かどうかは、企業価値（株式時価総額）との関連性によって判断されることが多くあります。しかし、サステナビリティ開示はこれまで任意開示であったために、企業が開示する情報を用いた分析では、開示している時点で環境対策に積極的な企業であるという内生性バイアスが生じるという問題がありました。

そのような中、日本では、「地球温暖化対策の推進に関する法律」（温対法）による温室効果ガス排出量算定・報告・公表制度が、世界に先駆けて導入されました。この制度により、一定規模以上の温室効果ガスを排出する企業は、国に排出量を報告することが義務付けられました。このデータを活用することで、研究上の内生性のバイアスを克服することが可能となりました。

このデータをいち早く用いて、CO_2排出量と企業価値（株式時価総額）との関連性を分析したのが、阪・大鹿による研究です（「CO_2排出量の株価説明力と情報開示の影響」『会計プログレス』第12号）。

この研究では、上場企業を対象に、事業所ごとのCO_2排出量を企業単位に集計したデータを用い、次の3点について実証分析を行いました。

- （売上高あたりの）CO_2排出量と企業価値（株式時価総額）の関係
- CO_2関連情報開示が企業価値に与える影響
- CO_2排出量の変化と株価リターン（株式時価総額の変化）の関係

その結果、次のことが明らかになりました。

- （売上高あたりの）CO_2排出量が多い企業ほど、企業価値（株式時価総額）が低下する。

●気候変動への取り組みを含むCO_2関連情報を開示することで、企業価値（株式時価総額）の低下が緩和される。
●CO_2排出量が増加した企業の株価リターン（株式時価総額の変化）は低く、CO_2排出量が減少した企業の株価リターンは高い。

これらの結果は、CO_2排出量が多い企業ほど、将来的にコストを負担する可能性のあるリスクとして投資家に認識され、企業価値へのマイナスの影響として織り込まれていることを示しています。また、CO_2関連情報の開示は、企業が直面するリスクを低減するものとして、企業価値の下落を緩和することが明らかになりました。

ESG情報と企業価値

CO_2排出に加えて、より幅広いサステナビリティ情報が、企業価値にどのような影響を与えるのかについても注目されています。近年、企業が開示するサステナビリティ情報などをもとに算出されたグローバルなESGスコアが公表されるようになり、それらを用いた国際的な研究が可能となりました。

そこで、サステナブル投資にも用いられるFTSE Russell ESG Ratingデータ（本節では以下、ESG情報）を用いて、企業価値（株式時価総額）との関係を明らかにする証拠を提示するため、49カ国・4038社（先進国25カ国2177社、新興国24カ国1861社）を対象にしたグローバルな分析を行いました。このESG情報のスコアは、環境・社会・ガバナンスに関する300以上の指標を、企業の開示情報に基づいて評価し、企業のフィードバックを経て算出されます。会計・株価情報については、Moody'sのOsirisを使用しました。分析の対象企業は、各国の株式時価総額の上位から選定されており、世界の上場企業全体の株式時価総額および売上高の約7割をカバーしています。

ESG情報と企業価値（株式時価総額）には関係があるのでしょうか。また、その関係は、財務情報と企業価値との関係と比べたときにどのような特徴があるのでしょうか。これらを確認するために、企業価値（株式時価総額）と純資産、当期純利益、ESG情報（レーティングスコア）の散布図を図表4－3に示しました。図表4－3の縦軸が企業価値（株式時価総額）、横軸は左が純資産、中央が純利益、右がESG情報であり、各点は企業を示しています。なお、株式時価総額と財務情報（純資産、当期純利益）は分布が歪んでいるため、対数（log）変換をしています。

散布図からは、縦軸と横軸の2つのデータの関係性を視覚的に理解できます。図表4－3

図表 4-3　株式時価総額、純資産、純利益、ESG の関係（2021 年）

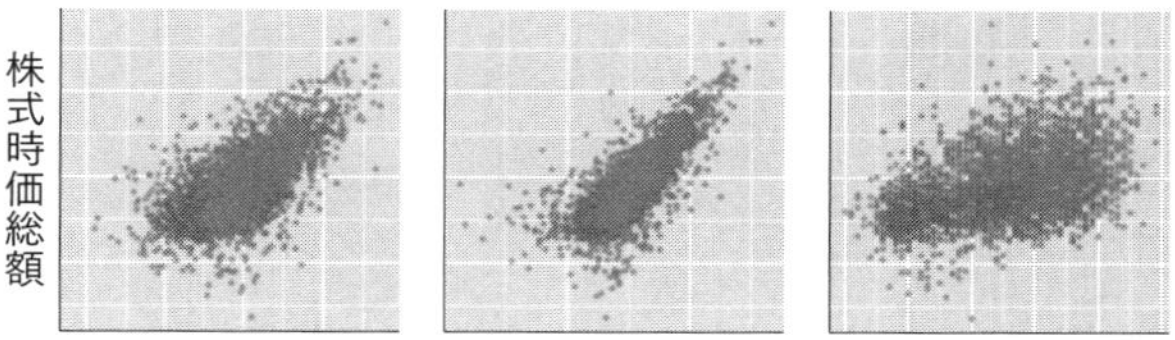

［出所］　阪・地道作成

の3つの散布図では、いずれのケースにおいても、x軸（純資産、純利益、ESG情報）が高いほど、y軸の企業価値（株式時価総額）も高いことが確認できます。ただし、3つの散布図における点（企業）のばらつき具合には違いがあります。

原点（ゼロ）から右上に至る対角線上（y＝x の線上）に点（企業）が集まっているほど、プラス（正）の相関が高く、相関係数は1に近づきます。一方、点（企業）のばらつきが大きいほど相関が低くなります。図表4－3からは、次のことがわかります

- 純資産や純利益が高いほど、企業価値が高い（高いプラス（正）の相関がある）
- ESG情報（レーティングスコア）が高いほど、企業価値が高い（低いプラス（正）の相関がある）

純資産と企業価値との相関係数は0・64、純利益と企業

価値との相関係数は0・77であることから、財務情報（純資産、純利益）と企業価値には、比較的高いプラス（正）の相関関係がありました。一方、ESG情報と企業価値の相関係数は0・45であり、財務情報と比べると企業価値との相関が低いものの、プラス（正）の相関が確認されました。

ここまでは、それぞれ2変数の関係をみてきましたが、企業価値には財務情報とESG情報の両方が関係すると考えられます。そこで、財務情報とESG情報の両方が企業価値にどのように関係しているかを確認するために、重回帰分析を行いました。

その結果、純資産と純利益が高くなるほど企業価値が高くなり、その関係を織り込んだ上でも、ESG情報が高いほど企業価値が高くなることが確認できました。これにより、企業価値には財務情報のみならず、ESG情報も織り込まれていることが明らかになりました。

財務情報とESG情報の企業価値への寄与率

企業価値を構成する要素として財務情報以外の要素が増すにつれ、企業価値（株式時価総額）に対する財務情報の寄与率（価値関連性、説明力ともいいます）が低下しているのではないかとの指摘がなされてきました。そこで、財務情報とESG情報のそれぞれが企業価値にどの程度寄与しているのかを調査しました。

財務情報とＥＳＧ情報の変動が企業価値の変動をどの程度説明できるのかを検証するため、３つのモデル式を用いた分析を行った結果、次の寄与率（修正済みR^2）が得られました。図表４－４に結果と式を示しています。

- 財務情報（純資産、純利益）とＥＳＧ情報の両方を含む式⑴　64・０％
- 財務情報（純資産、純利益）のみの式⑵　59・３％
- ＥＳＧ情報のみの式⑶　27・８％

式⑴の結果は、財務情報とＥＳＧ情報の両方の変動で、企業価値の変動を64％説明できること（寄与率64・０％）を示しています。式⑵の結果は、財務情報（純資産と純利益）のみの変動で、企業価値の変動を59・３％説明できること（寄与率59・３％）を示しています。式⑶の結果は、ＥＳＧ情報のみの変動で、企業価値の変動を27・８％説明できること（寄与率27・８％）を示しています。

なお、すべての式において、すべての変数（純資産、純利益、ＥＳＧ情報）は企業価値にプラスの関連があり、その影響は統計的に有意であることが示されました。つまり、統計解析の結果、これらの関連が偶然によるものとは考えにくいことが確認されています。また、

図表 4-4　企業価値に対する財務情報とESG情報の寄与率（2021年）

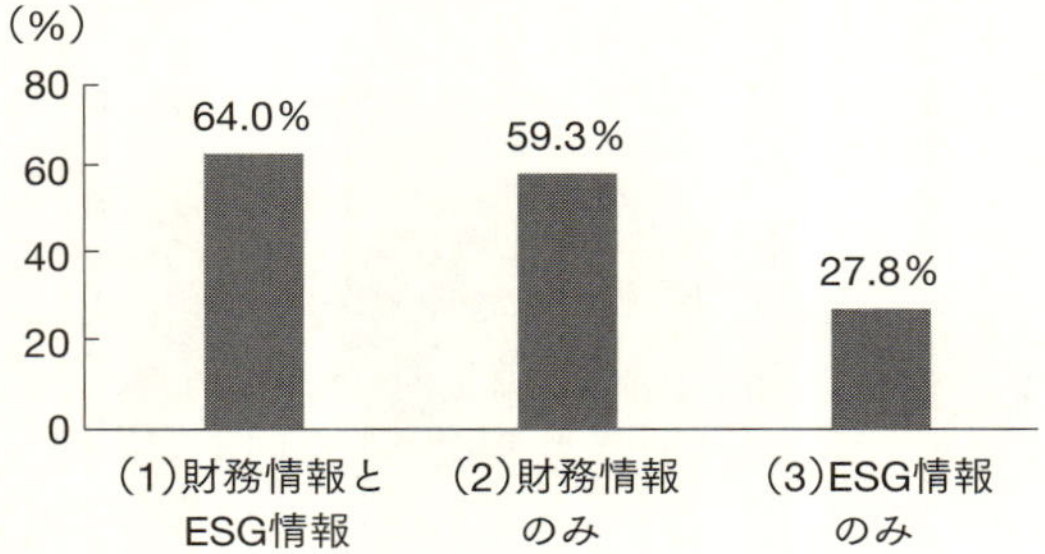

（1）log（株式時価総額 i）
$= \alpha_0 + \alpha_1$log（純資産 i）$+ \alpha_2$log（純利益 i）$+ \alpha_3$ESGi $+ \beta$D（国 i）+ log（εi）
（2）log（株式時価総額 i）$= \alpha_0 + \alpha_1$log（純資産 i）$+ \alpha_2$log（純利益 i）+ log（εi）
（3）log（株式時価総額 i）$= \alpha_0 + \alpha_3$ESGi $+ \beta$D（国 i）+ log（εi）

［出所］　阪・地道作成

ESG情報を「E（環境）」「S（社会）」「G（ガバナンス）」に分けて分析した場合も、ほぼ同様の結果が得られています。

これらの結果から、財務情報の企業価値に対する寄与率が高いことが確認できました。財務情報の寄与率が高い理由としては、財務情報が、500年以上の歴史を持ち世界的に利用されている複式簿記に基づいており、上場企業では監査を受けていることから、極めて信頼性の高い情報であることがあげられます。また、ESG情報の寄与率は財務情報よりも低いものの、企業価値に相当程度の関連性があることが確認されました。

ここまでは単年度の分析でしたが、時系

図表 4-5　企業価値に対する財務情報と ESG 情報の寄与率（2015〜2021 年）

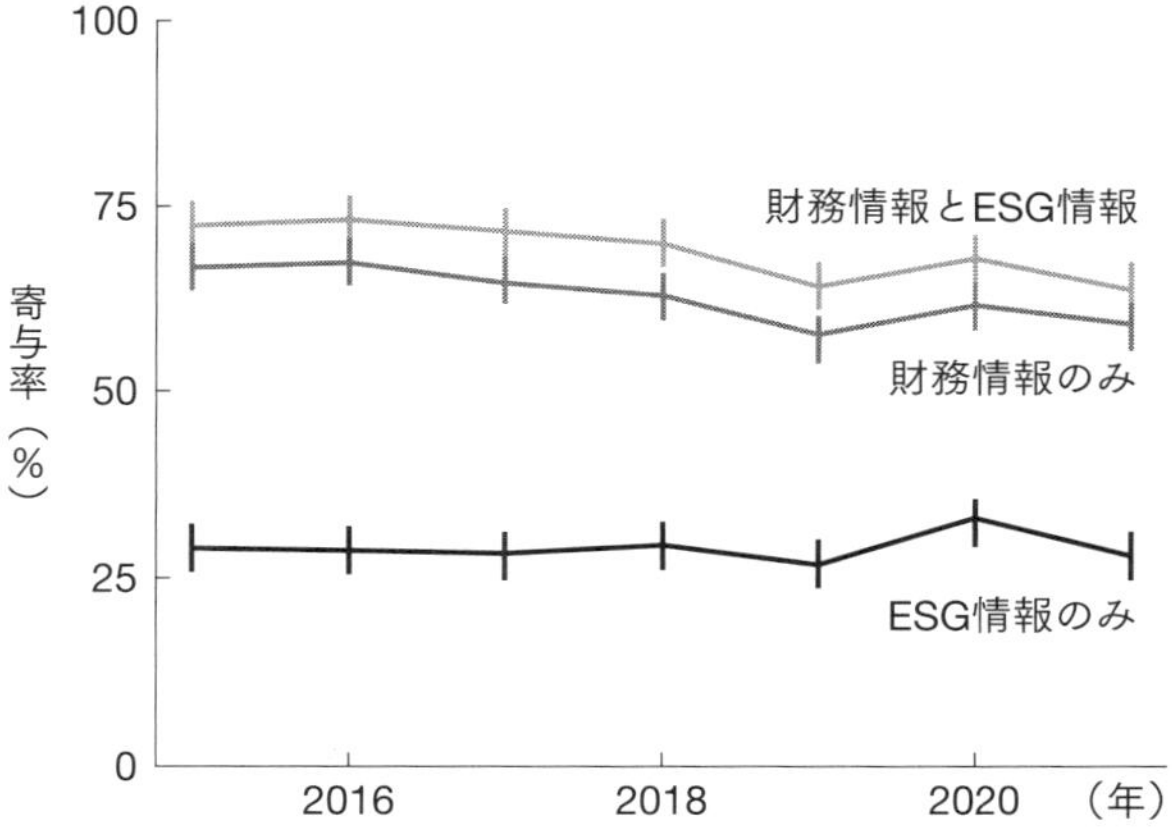

［出所］ 阪・地道作成

列の傾向を確認するために２０１５年から２０２１年までの７年間における財務情報とＥＳＧ情報の企業価値に対する寄与率を分析し、寄与率が年ごとにどの程度変動するのかを確認しました。また、一度きりの分析ではなく、ランダムサンプリング（ブートストラップ）を用いてリサンプリングを行い、モデルの安定性も検証しました。その結果を図表４－５に示しています。

図表４－５をみると、企業価値に対する財務情報の寄与率は一定〜低下傾向にあり、ＥＳＧ情報の寄与率は一定〜上昇傾向にあることがわかります。今後、サステナビリティ開示基準に基づく開示情

報が増えることで、（ESGを含む）サステナビリティ情報の説明力がさらに高まることが期待されます。

会計ビッグバンから四半世紀が経過した現在、私たちが直面している課題は、サステナブルな発展に向けた、強靭（レジリエント）な経済への移行です。新しいビジネス・モデルや産業構造への移行を促進するために、サステナブルファイナンスと、その投資判断に必要なサステナビリティ開示が求められてきました。このような中で、高品質でグローバルな比較可能性を確保するための日本のサステナビリティ開示基準が公表されました。

この基準により、バリュー・チェーン経営への動きが始まり、さらに、サステナビリティ情報と財務情報を一体として投資判断や経営意思決定に取り入れる流れも生まれるでしょう。すでに、ESG情報は企業価値に対して、財務情報ほど高くはないものの、一定の寄与率を持っていることが明らかになっています。サステナビリティ情報は、これまでの会計情報に加えて、企業と投資家等の新たな対話のツールとなります。

デジタルトランスフォーメーションの進展により、社会と会計のインターフェースが拡大し、サステナビリティ情報を含む会計情報がより多くの人々にとってアクセスしやすくなり、活用される範囲が広がることが期待されます。今後、企業が開示するサステナビリティ情報は、サステナブルな経済社会を構築する上で、重要な役割を果たすでしょう。投資家をはじめとするステークホルダーは、個々の意思決定において、会計情報とサステナビリティ情報を活用し、行動することで、社会を変革し、サステナブルな経済社会の実現に貢献できるのです。

第5章

サステナビリティ情報開示の
その先へ

ISSBは2024年4月の会合で、「生物多様性、生態系及び生態系サービスに関連するリスクと機会」と「人的資本に関連するリスクと機会」の2つの研究プロジェクトを新たに追加することを決定しました。いずれ、今のS2号「気候関連開示」に続いて生物多様性や人的資本の国際基準が策定され、日本基準も追随することが予想されます。このように書くと、「いや、そんなことを今から心配しても仕方ない。それはその時に考えればいい」という反応もありそうです。実際、具体的な国際基準の中身はまだ見えていないのですから、実務的にはその通りかもしれません。しかしそれは、開示基準への対応だけにフォーカスした狭い見方のようにも思われます。

企業の会計担当者ならば、単に会計基準に則って利益を計算するだけでなく、その会計情報を活用して、いかに利益の向上に貢献するか、経営の参謀役としての働きを期待されるのではないでしょうか。同じように、サステナビリティ情報も単に基準に沿って開示するだけでなく、実態をどう改善するかが大事です。そして新しい開示基準の動向やその背後にある考え方を知ることは、社会が直面する課題や企業に期待される方向感を理解する第一歩です。そのような観点から、本章では、現行の日本基準の外にある代表的な3つの動きを紹介し、それらが何を示唆するのかを考えてみたいと思います。

1　ダブルマテリアリティ――CSRDに込められたビジョン

域外企業に及ぶEUの開示規制

ISSBやSSBJによる基準のほかに、世界にはもう一つ、サステナビリティ情報の開示を制度的に求める枠組みがあります。それが、EUの企業サステナビリティ報告指令（Corporate Sustainability Reporting Directive：CSRD）です。2022年12月に採択され、23年1月に発効しました。EUの法制度には指令（Directive）と規則（Regulation）の二種類があり、指令はEUの加盟国に国内法の整備を指示するもの、規則は国内法なしに、直接加盟国を規制するものです。CSRDは指令ですので、加盟国が国内法で対応することになります。

CSRDの対象は、①EU域内の大企業、②EU域内の上場企業、③EU域内に一定規模以上の子会社または支店をもち、かつEU域内で1億5000万ユーロ超の売上がある域外企業（域外適用）、の三類型です。大企業の定義は当初、純資産残高2500万ユーロ超、純売上高5000万ユーロ超、従業員250人超の3つの条件のうち2つ以上を満たす企業とされました。しかしその後、EUのサステナビリティ政策による企業の負担を軽減する目的で、欧州委員会が2025年2月に、CSRDを含む複数の政策を一括して見直す「オムニバス・パッケージ」と題した改正案を公表し、その中で従業員数の基準は1000人以上に引き上げることが提案されました。このオムニバス・パッケージは本書執筆時点では欧州議会での審議に回されたところです。

適用時期は企業規模等によって異なり、最も早いケースでは当初、25年から報告の予定でしたが、オムニバス・パッケージにより、28年まで延期することが提案されています。域外適用は、28年1月1日以降に開始する事業年度から適用の予定です。

CSRDによって課される義務は何かと言うと、制度的な企業報告を意味する「マネジメント・レポート」の中で、他の項目と明確に区別できるよう、サステナビリティ報告のセクションを設けた上で、サステナビリティ課題が企業経営に及ぼすリスクや機会と、企業がサステナビリティ課題に与えるインパクトの両方を報告せよ、ということです。ここにはサステナビリティ開示に関して、ISSBとは異なる思想が含まれています。

しかも域外適用の場合は、親会社が連結ベースでサステナビリティ報告書を作成し、その際の作成基準がCSRDの報告基準と同等とみなされれば、それで代替することができます。その意味で、域外適用の可能性のある企業にとっては、CSRDの報告基準がどのような内容なのかは、実務的にも重要になります。それではCSRDの報告基準は何を求めているのか、項を改めて見ていくことにしましょう。

欧州サステナビリティ報告基準（ESRS）

CSRDに基づく具体的な開示内容を定めているのが欧州サステナビリティ報告基準（European Sustainability Reporting Standards：ESRS）です。これは、欧州委員会が欧州財務報告諮問グループ（European Financial Reporting Advisory Group：EFRAG）に開発を委任し、欧州委員会が策定権限を委任される委任規則（Delegated Regulation）として23年7月に成立したものです。その構成は、図表5－1に示す通りです。

このうち「ESRS1」と「ESRS2」は、サステナビリティ開示全般に適用される横断的な基準を定めています。「ESRS1全般的要求事項」では、ESRSの構成、情報の質的特性などの基礎的な概念、サステナビリティ情報開示に求められる一般的な要求事項などを示しています。次に「ESRS2全般的開示」では、「ガバナンス」「戦略」「インパクト、リスク及び機会の管理」「指標と目標」という4つの報告領域に関して、サステナビリテ

図表 5-1　欧州サステナビリティ報告基準（ESRS）

ESRS 1　全般的要求事項（General requirements）
ESRS 2　全般的開示（General disclosures）

［環境］
ESRS E1　気候変動（Climate change）
ESRS E2　汚染（Pollution）
ESRS E3　水及び海洋資源（Water and marine resources）
ESRS E4　生物多様性及び生態系（Biodiversity and ecosystems）
ESRS E5　資源利用及び循環経済（Resource use and circular economy）

［社会］
ESRS S1　自社の従業員（Own workforce）
ESRS S2　バリューチェーンの労働者（Workers in the value chain）
ESRS S3　影響を受けるコミュニティ（Affected communities）
ESRS S4　消費者及びエンドユーザー（Consumers and end-users）

［ガバナンス］
ESRS G1　事業活動（Business conduct）

［出所］ 欧州委員会（2023）『ESRS』をもとに筆者作成

ィ課題の種類に関わらない共通の要求事項が示されます。

「ESRS E1」以降はサステナビリティ課題のテーマ別の基準です。IFRS「S基準」では、テーマ別の基準はまだS2号「気候関連開示」しかありませんが、ESRSは環境課題で5つ、社会課題で4つ、ガバナンスで1つの合計10種類のテーマ別基準を一度に定めています。

これらの基準の内容を詳しく紹介する紙幅の余裕はありませんが、ESRSがISSBと異なる最大の特徴は、ESRS1で示されているダブルマテリアリティという考え方です。ESRS1では、「企業はサステナビリティ課題をダブルマテリアリティの原則に基づいて報告しなければならない」（ESRS1・21項）と明記しているのです。また、サステナビリティ開示で求められる情報の質的特性として関連性（relevance）と忠実な表現（faithful representation）をあげていますが（同19項）、付属書Bの中で、関連性があるとは「ダブルマテリアリティ・アプローチの下で情報利用者の意思決定に違いを生む情報」だと定義しています（同QC1項）。

では、ダブルマテリアリティとはどういう意味なのでしょうか。ESRS1によれば「ダブルマテリアリティにはインパクトマテリアリティと財務的マテリアリティという2つの側面がある」とされます（同37項）。このうち財務的マテリアリティはISSBやSSBJにおける重要性の基準と同等です。一方インパクトとは、企業活動がサステナビリティ課題に与えるポジティブまたはネガティブな、現在または潜在的な将来の影響であるとされ、ここで言うインパクトマテリアリティは、第2章で触れたGRIにおけるマテリアリティの考え方と共通です。このようにマテリアリティを財務的な影響とサステナビリティへの影響の両面から捉える点が、ＥＳＲＳの際立った特徴となっています。このことは開示項目にも反映され、ＩＳＳＢやＳＳＢＪの基準では「リスク管理」となっている項目が、ＥＳＲＳでは「インパクト、リスク及び機会の管理」となっているのです。前述のオムニバス・パッケージの中でＥＳＲＳについても、今後、欧州委員会が簡素化に向けた改正をすることが提案されていますが、ダブルマテリアリティの立場は変わらないと明記しています。

なぜＥＵはこのような立場を取っているのでしょうか。

ＥＳＲＳの背後にある意図

ＥＵのＣＳＲＤは突然出てきたわけではありません。環境や社会に関する情報開示の要請は20年以上前に遡ります。ＥＵは２００３年に会計法現代化指令を公表して国際会計基準を導入することを決めましたが、この指令の中で、企業の業績等を理解するのに必要な範囲で年次報告書に環境及び従業員に関する情報を含む非財務の主要業績指標を含めることを求めました。その後、環境と社会に関する情報の透明性を高めることを目的に14年に非財務報告指令（Non-Financial Reporting Directive：ＮＦＲＤ）が公表され、このＮＦＲＤを改正する形でＣＳＲＤが策定されたのです。

このような流れの背景には、サステナブルな社会を築くために市場のあり方全体を変えていこうとする意図があると思われます。会計法現代化指令に先立つ01年には、欧州委員会が「企業の社会的責任（Corporate Social Responsibility：ＣＳＲ）に関する欧州の枠組みの推進」と題したグリーンペーパー（政策文書）を公表し、ＣＳＲを推進する姿勢を示しました。その理由は、当時のＣＳＲの潮流が「社会の一体感があり、サステナブルな成長を可能にする、世界で最も競争力のある経済」というＥＵの戦略目標に貢献しうるからだと説明されています。そしてＣＳＲ推進の包括的アプローチの一つとして企業報告に言及しています。

18年には、欧州委員会はサステナブルファイナンスに関するアクションプラン（Action Plan：Financing Sustainable Growth）を公表しました。これは、その後のＥＵのサステナブルファイナンス推進政策の基盤となったもので、①サステナブルで包摂的な成長に向けた資本の流れ、②環境・社会課題に起因する財務リスクの管理、③金融経済における透明性と長期志向の涵養《かんよう》、の３つの目標を掲げています。このアクションプランをもとに、サステナブルな事業活動を定義し、分類する「ＥＵタクソノミー」や、運用機関等に自社及び金融商品のＥＳＧ関連の情報開示を義務付けるサステナブルファイナンス開示規則（Sustainable Finance Disclosure Regulation：ＳＦＤＲ）、そしてＣＳＲＤなどが着々と整備されてきました。

つまりＣＳＲＤはそれ単独で存在するわけではなく、サステナブルな市場経済を作るというＥＵの大きな政策枠組みの一環でもあるのです。財務的なリスクだけでなくインパクトにも注目するダブルマテリアリティという考え方も、そのような意図を反映したものと言っていいでしょう。これが示唆するのは、開示のあり方は投資行動や企業のあり方、ひいては市場経済のあり方をどう構想するかということと表裏一体だということです。

欧州委員会はさらに19年に欧州グリーンディールと題する包括的な政策パッケージを発表しました。２０５０年のカーボンニュートラルを実現するためにエネルギー政策やモビリティ政策に加え、サーキュラーエコノミー、生物多様性と生態系の保護、公正な移行など、多様な政策を動員するものです。現在ではＣＳＲＤもこのグリーンディールの一環として位置づけられています。グリーンディールが示すのは、気候変動問題が自然資本や人権など、その他の環境・社会課題と相互に密接に関係しているということです。近年では、多様な課題間のシナジーとトレードオフを考慮し、異なる要素を関連付けて統合的な課題解決に取り組む考え方は「ネクサス・アプローチ」と呼ばれ、注目を集めています。

したがって情報開示への関心も、必然的に気候変動以外のテーマへと広がっていくものと思われます。中でも注目されるのがTNFDとTISFDという2つのイニシアティブです。

2　自然に関わる開示——TNFDの提言

生物多様性は危機的状況

2023年9月、自然関連財務情報開示タスクフォース（Taskforce on Nature-related Financial Disclosures：TNFD）が提言書を公表しました。TNFDとは20年7月に構想が発表され、21年6月に正式に発足した民間のイニシアティブです。その名称が示唆する通り、TCFDをモデルにして自然関連の情報開示の枠組みを示すことを目指してきました。ISSBの基準はTCFDの枠組みを踏襲したものですし、次のテーマの一つは生物多様性と生態系ですから、TNFDの提言が今後のISSBの基準に何らかの形で反映される可能性は高いと思われます。

TNFDは、その提言が制度開示に反映されるより前に、企業にTNFD提言に沿った自発的な報告（voluntary reporting）を呼び掛けてきました。それに応えてTNFDの採択者（adopter）となった企業は、TNFDの公表によれば24年10月時点で502社と言われます。国別にみると、日本企業は最多の135社に上り、注目の高さがうかがえます。それでは、今、なぜ自然関連の情報開示なのでしょうか。

第1章でも触れたように、生物多様性についての研究者ネットワークであるIPBESは19年に公表した報告書の中で、現在、世界中で100万種の動植物が絶滅の危機にあることを指摘しました。その主要な原因は①土地・海洋利用の変化、②直接的な捕獲、③気候変動、④汚染、⑤外来種の侵入、の5つです。

現在の経済活動は農業や食料、医薬品、繊維、ゴム、観光など、多くが自然資本や生態系サービスに依存していますし、生物多様性は気候変動とも密接に関わります。したがって生物多様性の危機は経済や社会の立場からも無視できません。そのような危機意識は比較的早くからあり、気候変動枠組み条約と同じ1992年に生物多様性条約が採択されています。

同条約の締約国会議（COP）も定期的に開催され、2020年から22年にかけて中国の昆明とカナダのモントリオールで開かれたCOP15では、「昆明・モントリオール生物多様性枠組み（Global Biodiversity Framework：GBF）」が採択されました。その中では「生物多様性が評価され、保全され、回復され、賢明に利用される、自然と調和して生きる世界」という2050年のビジョンが示され、そのために2030年までに「自然を回復軌道に乗せるために生物多様性の損失を止め反転させる」、いわゆるネイチャーポジティブをミッションとして合意しました。さらに具体的な目標として、２０３０年までに陸域と海域のそれぞれ30％を保護すること「30 by 30」（target3）や、ビジネスによる影響評価と情報公開の促進（target15）などが盛り込まれました。

これを受けて日本政府も23年３月に生物多様性国家戦略を決定し、24年３月にはネイチャーポジティブ経済移行戦略を策定しました。TNFDの提言もこのような大きな流れの中に位置づけて理解することが必要です。もっとも、自然関連の情報開示は気候関連の開示以上に難易度が高いと思われます。その理由は自然や生物多様性に関わる問題が気候変動問題よりはるかに複雑だからです。それではTNFDはどのような開示を求めているのか、その具体的な内容を見ていくことにしましょう。

LEAPアプローチを提唱

TNFDは本体の提言以外に、導入にあたってのガイドをはじめ、セクター別、バイオーム（地理的・生物群的単位）別のガイダンスなど、多くの追加ガイダンスを公表しています（図表５―２）。中でも特徴的なのが「LEAPアプローチ」に関するガイダンスです。これ

図表 5-2　TNFD ガイダンス類の体系

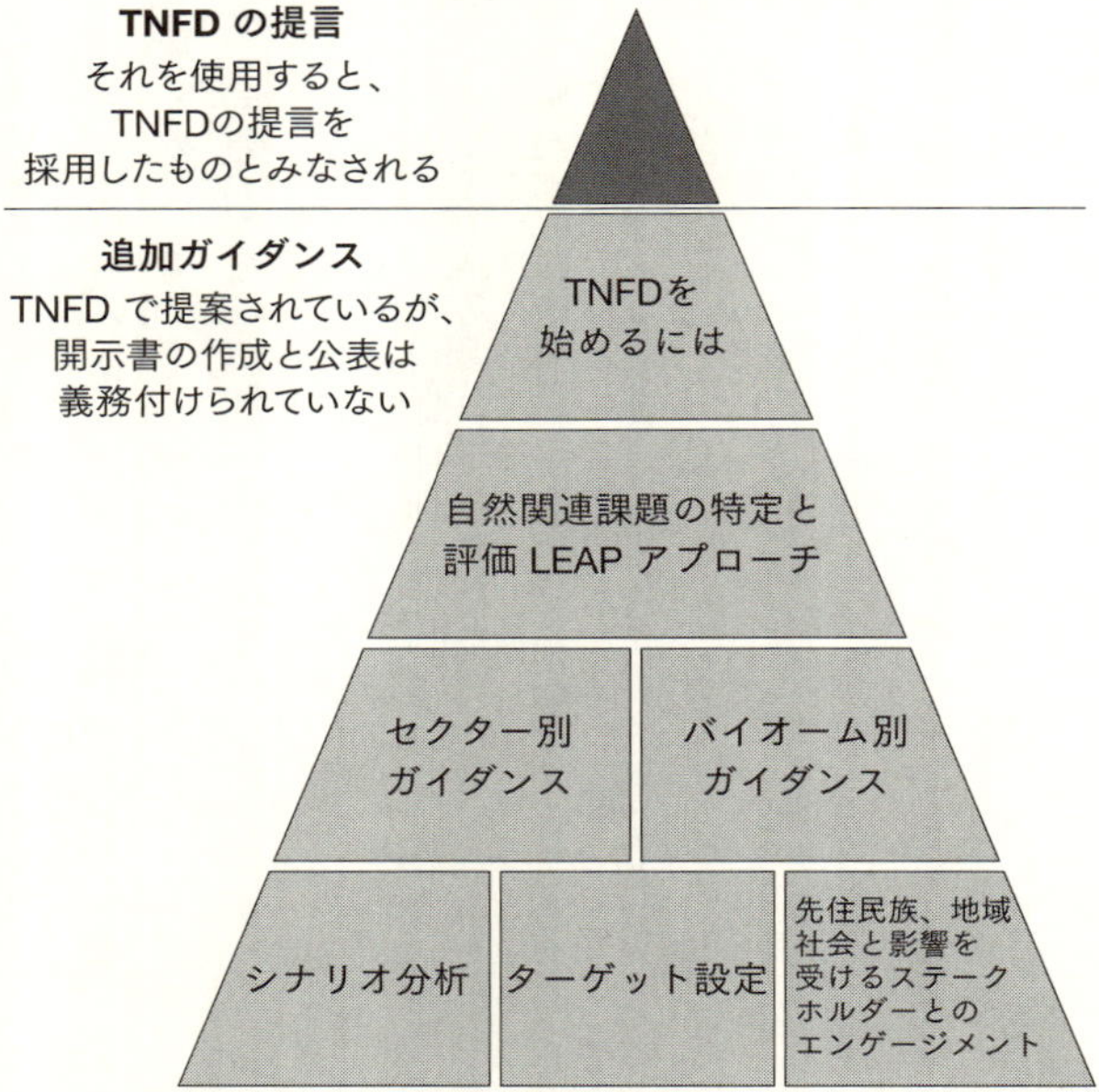

［出所］ TNFD（2023）『自然関連財務情報開示タスクフォースの提言』p.11

は、報告の前提として自然関連の課題を特定し、評価するための方法に関するものです。

まず、TNFDではマテリアリティに関して、ISSBが依拠する財務的マテリアリティをベースラインとして採用し、その上で必要ないし希望があれば、インパクトマテリアリティを追加的に適用してもよいとしています。つまりTNFD自体はいわゆるシングルマテリアリティにも、ダブルマテリアリティにも、どちらにも対応できるように構成されているのです。ただいずれの場合にも、出発点として重要性のある自然関連の課題を特定する必要があります。そのための方法として推奨されているのがLEAPアプローチです。

LEAPとは、「Locate」「Evaluate」「Assess」「Prepare」の頭文字をとったものです。出発点となるのはLocate、すなわち企業が自然と接する地域の特定です。温室効果ガスは地球上どこで排出しても同じように地球を温暖化させますが、自然に与える影響はどの地域の自然かによって意味が異なります。そこで、まず企業活動が自然と関わる地域を特定します。この時、工場の立地などだけでなく、資源・原材料の調達先や製品が利用される場所など、バリュー・チェーン全体を視野に入れる必要があります。その上で企業がその地域の自然に与える影響と、その自然への依存を評価（Evaluate）し、そこから生じるリスクと機会を評価（Assess）するというのです。最後に、特定された重要な自然関連の課題に対してリスク管理、戦略、資源配分などの対応をし、進捗を測る指標と目標を決め、報告の準備（Prepare）をします。

企業によっては、すでにリスク管理の枠組みの中にLEAPと同等のプロセスを組み込んでいる場合もあるでしょう。ですから、LEAPアプローチに従うことはTNFD提言における要求事項（requirement）ではないとされています。あくまでも重要性のある自然関連の課題を的確に特定できるよう支援するためのガイドとして提供しているということです。

課題が特定されれば、それを前提に具体的な開示に進みます。TNFDの開示枠組みは「ガバナンス」「戦略」「リスクとインパクトの管理」「指標と目標」の4つの柱で構成されています。これは基本的にはTCFDと共通ですが、「リスク管理」ではなく「リスクとインパクトの管理」となっている点が特徴です。各項目の内容にも特徴があり、例えばガバナンスの項目では、先住民族の権利の尊重に関するコミットメントや、先住民族と地域社会の権利を含む人権デューデリジェンスのプロセスの記載を求めるなど、人権問題とのネクサス（相互関連性）が考慮されています。

指標と目標に関しては、自社が重要な自然関連の依存と影響やリスクと機会を評価し、管理するのに使っている指標と目標を開示せよとする一方で、別紙1で14の中核グローバル指標を示して、これらを含めるべきとしています。前段の要求は各企業の個別性に注目するものですが、後段の中核グローバル指標は企業間の比較可能性を追求するものと言えるでしょう。中核グローバル指標の開示は「コンプライ・オア・エクスプレイン・ベース」とされていますので、重要性がないと判断すれば省略することも可能です。

TNFDの自発的な採択者となっている企業はすでに対応し始めていることと思います。そうでない企業にとってもLEAPという考え方や、バリューチェーンへの注目、人権問題との関連など、TNFDの提言から得られる示唆は多いのではないでしょうか。

3　経済的不平等への挑戦――動き出すTISFD

新たなイニシアティブの始動

2024年9月に「不平等・社会関連財務開示タスクフォース（Taskforce on Inequality and Social-related Financial Disclosures：TISFD）」という新しいイニシアティブが立ち上がりました。TCFDやTNFDの枠組みを踏襲して、経済格差をはじめとする社会課題に関する情報開示を促進しようというのです。創設メンバーにはILO、国連開発計画、OECDなどの国際機関やPRI、GSGインパクトのように責任投資やインパクト投資を推進する投資家グループ、オックスファムをはじめとするNGOなど20以上の機関が名を連ねています。

発足にあたってTISFDは、活動のビジョンやスコープなどを記した『People in

Scope』と題する文書を公表しました。その冒頭、TISFD設立の背景にある問題意識を次のように記しています。

「今日、世界で最も豊かな10%の人口が世界の所得の半分以上を獲得し、4分の3の富を保有している。同時に、私たちは生活費の危機の真っただ中にあり、世界中で何億人もの人々が基本的なニーズを満たすために闘っている」

このような貧困や格差の問題は重要な社会課題であるとしても、企業価値に関わる問題ではなく、制度開示の対象ではないと思われがちです。しかしTISFDは、極端な不平等は社会の結束を損ない、人的資本の形成を阻害し、金融の安定を脅かす「システムレベルのリスク」だと指摘します。システムレベルのリスクとは、社会・経済システムへの影響を通じて、結果的に企業や投資家の利益にも跳ね返ってくるリスクだという意味です。逆に、格差への対応などの社会的要因を意思決定に組み込む企業は、労働力を維持し、イノベーションと生産性を高め、地域社会や消費者との強い関係を維持することで、レジリエンスを高められるというのです。

そして今日の企業報告の枠組みはこうした問題に対する首尾一貫したアプローチを欠いているので、TISFDは、企業活動が不平等に対してもたらすインパクトと、それに伴う短期、中期、長期のリスクと機会を理解できる開示の枠組みを提言するのだとしています。

ＴＩＳＦＤの提言の公表は26年末を予定しており、本書執筆時点では、まだ提言の具体的な内容は見えていません。しかし経済的不平等を正面から取り上げて、それを財務関連情報開示に位置づけようとする試みは注目に値します。特に、マテリアリティに関して、財務的マテリアリティとインパクトマテリアリティのどちらにも適合する提言にすると述べる一方で、システムレベルとしてのマテリアリティを探求するとしている点は、重要です。このようにシステムレベルのリスクという視点を明示的に取り入れることで、インパクトマテリアリティと財務的マテリアリティを架橋する可能性に言及している点が、ＴＩＳＦＤの先進的な特徴です。

人口減少――日本に固有のシステムリスク

ＴＩＳＦＤのビジョンペーパーの『People in Scope』というタイトルが象徴するように、経済的不平等の議論の焦点は「人」の問題です。生物多様性と並ぶＩＳＳＢの次の検討テーマは人的資本ですので、ＴＩＳＦＤの提言は、ＴＮＦＤと同様に、今後のＩＳＳＢの議論にも影響する可能性があるでしょう。

一方で人的資本というテーマは、日本では企業価値に直接結びつく問題として扱われてきました。例えば経済産業省は20年1月に「持続的な企業価値の向上と人的資本に関する研究会」を設置し、同年9月に報告書をまとめました。この報告書のタイトルは座長の名前を冠して『人材版伊藤レポート』と題されています。その中では、企業の競争力の源泉は人材であるとの認識を基礎にして、企業価値向上のために①経営戦略と人材戦略の連動、②現状とあるべき姿のギャップの定量的な把握、③人材戦略の企業文化への定着という3つの視点を提案しています。

このように人的資本を企業価値に直接結びつける考え方は、現在では標準的な見解となっていますが、システムレベルのリスクという視点は希薄です。経済産業省は後継の研究会を立ち上げ、22年に『人材版伊藤レポート2・0』を公表しました。また、同年、政府の「新しい資本主義実現会議」の下に置かれた非財務情報可視化研究会も『人的資本可視化指針』を公表し、人的資本への投資が企業価値向上の中核要素であることを前提にした情報開示の考え方を示しました。

これに対して民間からの動きとして、連合傘下の連合総合生活開発研究所と日本経済新聞グループのQUICK ESG研究所が共同事務局となって20年に「ESG－S指標に関する調査研究委員会」を設立し、23年に『日本版ディーセントワーク8指標（JD8）』と題した提言を公表しました。この提言では、ESGのSの課題について「日本に特徴的な雇用慣行や働き方が少子化や社会全体としての人的資本の縮小を招き、その影響が社会経済システム全体に波及しかねないというシステミックリスクとして捉える視点が必要」と明記しています。そして、非正規雇用の低賃金、正社員へのハードルとなる長時間労働などの企業拘束性の高さ、結果として女性に非正規雇用が多いことなどが、少子化と人口減少を招き、人的資本が縮小するという悪循環を生んでいるとして、正規・非正規という雇用管理区分別の賃金・労働時間の開示などを提言しました。

同じく民間のイニシアティブである人口戦略会議は24年1月に『人口ビジョン２１００――安定的で、成長力のある「８０００万人国家」へ』と題した提言を公表しました。この中では、人口の減少に歯止めをかけ、８０００万人の水準で安定化させることを目的とし、具体的な論点として「若年世代の所得向上、雇用の改善が最重要」との認識が示されています。ただ、それだけでなく、20代や30代のうちに子育てに時間を割けるような多様なライフサイクルの選択肢、妊娠に関する正しい知識を身に付けるプレコンセプションケア、東京一極集中の是正など、多くの論点があげられています。

このように、経済的不平等がシステムレベルのリスクを招くという認識はＪＤ８や人口戦略会議の提言もＴＩＳＦＤと共通ですが、日本ではそのリスクが人口減少という形で表れるところに特徴があるようです。これに対して情報開示がどこまで有効かは未知数です。しかしシステムレベルのリスクであるということは、企業にとってもリスクであるわけですから、今から対応を考えておく価値はあるでしょう。

4　おわりに――情報開示担当からサステナビリティ参謀へ

サステナビリティ情報の開示は理屈ではなく、実務です。実務である以上、現行の基準を正しく理解して的確な開示をできることが、まず大切です。ですが、だからといって単に開示のための開示に終始してよいのでしょうか。

サステナビリティ情報の開示に携わるということは、社内のサステナビリティに関わる情報が集まる場所になるということです。また、そうして作られた報告書は、サステナビリティに関心を持つ投資家が最初に見る資料になることが多いでしょう。その意味で、たとえ投資家と直接的に対峙するのはＩＲ部門だとしても、情報開示に関わるということは、実は、投資家との対話の最前線に立つことでもあります。つまりサステナビリティに関して企業の内外を結ぶ結節点に立つことになります。

そのような立場だからこそ、社内のサステナビリティに関する取り組みを支援する参謀役としての機能が求められるのではないでしょうか。情報開示の担当から、サステナビリティ参謀への進化です。では、どうすればその役割を適切に果たすことができるでしょうか。その時に道しるべの一つとなるのが、サステナビリティ情報の開示基準です。

読書とは時空を超えた著者との対話であると言います。同じように開示基準を読み解くということは、基準の作成者と対話することにほかなりません。その基準が生まれてきた背景を知り、社会が進むであろう方向を予測することで、サステナビリティ経営の舵取りへのヒントが得られるでしょう。

例えばEUはダブルマテリアリティという立場を取り、TNFDはLEAPアプローチを提唱し、TISFDはシステムレベルのリスクに注目しています。これらの動向から何を読み取り、それをどう生かすのか。その先は、あなた次第です。

著者略歴

阪　智香（さか・ちか）

関西学院大学商学部長、教授。博士（商学、関西学院大学）。

関西学院大学大学院商学研究科博士課程後期課程単位取得満期退学。1998 年関西学院大学商学部専任講師、2022 年助（准）教授を経て、2008 年より教授。

現在、サステナビリティ基準委員会（SSBJ）委員、金融庁金融審議会専門委員、金融庁企業会計審議会委員、日本学術会議連携会員、日本経済会計学会理事、国際会計研究学会理事、日本会計研究学会評議員、国際会計士連盟（IFAC), the International Panel for Accounting Education (IPAE) member、日本公認会計士協会サステナビリティ能力開発協議会委員、日本公認会計士協会継続的専門研修制度協議会 IES 検討専門委員会専門委員など。

著書に『環境会計論』（東京経済情報出版）など。日本会計研究学会学会賞、Accounting Theory and Practice Conference Quality Paper Award などを受賞。

水口　剛（みずぐち・たけし）

高崎経済大学学長。博士（経営学、明治大学）。

筑波大学第三学群社会工学類卒。商社、監査法人等の勤務を経て、1997 年高崎経済大学経済学部講師。2008 年教授、2017 年副学長を経て、2021 年より現職。専門は責任投資（ESG 投資）、非財務情報開示。環境省グリーンファイナンスに関する検討会座長、環境省 ESG 金融ハイレベル・パネル委員、金融庁サステナブルファイナンス有識者会議座長、インパクトコンソーシアム会長、内閣府休眠預金等活用審議会委員、日本公認会計士協会サステナビリティ能力開発協議会委員等を歴任。

主な著書に『ESG 投資――新しい資本主義のかたち』（日本経済新聞出版）、『責任ある投資――資金の流れで未来を変える』（岩波書店、環境経済・政策学会論壇賞）、『サステナブルファイナンス最前線』（編著、金融財政事情研究会）など。

日経文庫

サステナビリティ基準がわかる

2025年4月15日　1版1刷

著　者　阪智香・水口剛
発行者　中川ヒロミ
発　行　株式会社日経BP
日本経済新聞出版
発　売　株式会社日経BPマーケティング
〒105-8308　東京都港区虎ノ門4-3-12
装幀　next door design
組版　マーリンクレイン
印刷・製本　三松堂

ISBN978-4-296-12079-6
Printed in Japan